D1923529

Konzeption, Einbandgestaltung und Fotos: Elke Loßkarn.
Texte: Dieter Loßkarn.
Karten: Elke Loßkarn/Mairs Geografischer Verlag.
Titelfoto: texanischer Highway zwischen Lajitas und Study Butte.
Buchrückseite: freundliche Kinder bei Cathedral Peak, Südafrika.

ISBN 3-613-01627-3

1. Auflage 1994

Copyright © by Motorbuch Verlag, Postfach 103743, 70032 Stuttgart.
Ein Unternehmen der Paul Pietsch-Verlage GmbH & Co.
Sämtliche Rechte der Speicherung, Vervielfältigung und Verbreitung sind vorbehalten.
Satz: Alber Fotosatz GmbH, 74385 Pleidelsheim.
Druck: Gulde-Druck, 72070 Tübingen.
Bindung: H. Koch, 72072 Tübingen.
Printed in Germany.

MOTORRAD
Europas größte Motorradzeitschrift

ELKE UND DIETER LOSSKARN

DIE WELT IM VISIER

MOTORRAD-REISEN
ZWISCHEN
WÜSTE UND EISMEER

Motor
buch
Verlag

INHALT

DIE WELT IM VISIER

Motorrad-Fernreisen reduzieren die Bedürfnisse. Im überraschenden Schneesturm treibt einen nur noch der Gedanke an eine heiße Badewanne vorwärts. In der gnadenlosen Hitze der Wüste wird ein kühler Schluck Wasser zum Lebenselixier. Motorradreisende spüren Kälte und Hitze intensiv und ganz direkt. Sonne, Staub, Regen, Schnee – den Elementen nahezu ungeschützt ausgeliefert. Ohne Filter.

Und immer, wenn es ganz schlimm aussieht, wenn die Maschine nicht mehr läuft, irgendwo im Dschungel, wenn tropische Regenwolken ihren üppigen Inhalt ausschütten, gibt es wieder einen Lichtblick. Das Lächeln eines Einheimischen, die Einladung eines Fremden, ein anderer Motorradfahrer, der anhält und seine Hilfe anbietet. Die Verletzlichkeit überwindet Grenzen, bricht das Eis, schafft intensive Kontakte. Manchmal werden flüchtige Begegnungen irgendwo auf der Straße zu Freundschaften fürs Leben.

The best memories are born on two wheels – die schönsten Erinnerungen werden auf zwei Rädern geboren. Fangen Sie beim Durchblättern des Buches an zu träumen. Wir haben unsere schönsten Motorradreisen in diesem Bildband zusammengefaßt. Alaska, Kanada, Texas, den Westen der USA, Neuseeland, Malaysia, Thailand und Südafrika noch einmal für Sie durch unsere Visiere betrachtet.

Und denken Sie daran: Das Leben ist zu kurz, um Träume aufzuschieben.

Elke und Dieter Loßkarn

NORD
LUST

ES WAR OFT KALT,
FAST IMMER TEUER UND
UNGLAUBLICH SCHÖN.
MIT EINEM
HARLEY-DAVIDSON-GESPANN
DURCH DEN HOHEN
NORDEN AMERIKAS.

Holiday on Ice:
der Portage-Gletscher,
südlich von Anchorage, die
High Snowciety der Eisfelder
streckt die Zunge raus

Wie früher: Asphaltieren lohnt sich nicht in den Strassen der Goldgräberstadt Dawson City, die Winterfröste sind zu streng

Gigantisch: Über dem Highway nach Talkeetna ragt am Horizont der höchste Berg Amerikas, der Mount Mc Kinley, auf

ANSTRENGEND: WER NACH MC CARTHY MÖCHTE, MUSS ÜBER DEN FLUSS

Der Buschpilot fliegt direkt auf die Felswand zu. Rechts streckt der mächtige Taku-Gletscher seine Zunge ins Tal. Regen prasselt gegen die Scheiben. Endlich gibt er Vollgas und zieht am Steuerruder. Der mächtige Sternmotor der 40 Jahre alten De Havilland Beaver brüllt auf. Haarscharf gleitet das Flugzeug über die Kante.

Das riesige Juneau-Eisfeld liegt direkt unter Elke und mir. Ein märchenhafter Anblick. Vergleichbare Naturphänomene aus der Schweiz oder Österreich wirken dagegen wie Kühlschrank-Eisfächer.

Unzählige tiefblaue Spalten durchziehen den Gletscher. Krächzend meldet sich die Stimme unseres Piloten über Kopfhörer. Wir erfahren, daß hier jeden Winter meterweise Schnee fällt, der sich Jahr für Jahr immer weiter zusammendrückt, bis ein extrem kompaktes Eis entsteht, das alle Farben des Spektrums schluckt. Nur Blau wird reflektiert.

Wir verlieren langsam an Höhe, kreisen über dem Twin Glacier Lake, in dem Dutzende von Eisbergen schwimmen. Der Gletscher zieht sich zurück, dabei lösen sich an seinem Ende riesige Brocken unter lautem Getöse. Er kalbt, hören wir über Funk.

Die Beaver geht in den Landeanflug über, der Pilot nimmt das Gas weg, fährt die Landeklappen aus. Sanft wassern die riesigen Schwimmer auf dem Taku-Fluß, die Maschine tuckert bis zu einem hölzernen Steg, wo sie ein Helfer festzurrt.

Ein paar Meter entfernt steht ein rustikales Blockhaus, die 1923 als Jagdhütte erbaute Taku Lodge. Beim Laufen

ZUGZWANG: KRAFTLOSE BLEIBEN ÜBER DEM KENNICOTT RIVER HÄNGEN

spüren wir die Müdigkeit in den Knochen. Jet-Lag. Vor ein paar Stunden sind wir erst in Juneau, der Hauptstadt Alaskas, angekommen. Statt uns nachmittags gleich aufs Ohr zu legen, haben wir den Dinner-Flug zur Taku-Lodge gebucht.

Auf einem großen Eisenrost liegen frische Lachsfilets. Das Holzfeuer prasselt. Salmon Bake nennen das die Alaskaner, Lachs-Grillen. Das Besondere dabei ist die Marinade. Nicht Meerettich wie bei uns, sondern Honig und brauner Zucker, sowie einige weitere geheime Zutaten. Was im ersten Augenblick jeden Gourmet zusammenzucken läßt, ja fast wie eine neue amerikanische Vergewaltigung der Haute Cuisine anmutet, entpuppt sich als delikater Genuß. Wir können gar nicht genug bekommen, platzen fast am Ende.

Eine gute Ausbeute. Gleich am ersten Tag haben wir zwei für Alaska typische Eigenheiten kennengelernt: Lachs in seiner schmackhaftesten Form und die De Havilland Beaver, das beliebteste Buschflugzeug des Nordens, das schon seit Jahrzehnten nicht mehr gebaut wird.

Unser fahrbarer Untersatz erweckt im ersten Moment ebenfalls den Eindruck, schon einige Jahre auf dem Bukkel zu haben. Doch der blattgefederte Seitenwagen täuscht. Die rotschwarze Harley-Davidson »FLHTC Ultra Classic Electra Glide with Sidecar« entstammt dem aktuellen Verkaufsprogramm des amerikanischen Herstellers.

Es dauert eine ganze Weile, bis wir unsere Ausrüstung sinnvoll über das Gespann verteilt haben. Dafür bleibt

Natur-Komposition:

Landschaft, Himmel und Haus

fügen sich zu einem

Gesamt-Kunstwerk in die

Natur ein

Besser oben: Fröste würden unterirdische Depots gefährden

EHER SELTEN: TANKSTELLEN AUF DEM KANADISCHEN DEMPSTER-HIGHWAY

die erste Tagesetappe mit 20 Meilen recht kurz. Was nicht am für Juneau typischen Nieselregen liegt, der den Südosten Alaskas zur niederschlagsreichsten Region des Staates macht, sondern daran, daß Juneau die einzige Hauptstadt der Welt ist, die nur per Flugzeug oder Schiff erreicht werden kann.

Das schlechte Wetter hält auch während der sechsstündigen Fährüberfahrt an. Die euphorische Anfangsstimmung wird leicht getrübt, scheint mit dem Barometer zu fallen. Eine Weile schnappen wir frische Luft im Freien. Ein Wal und ein paar Delphine begleiten das Schiff durch den Lynn Canal, aber es ist zu kalt und naß, um sie länger von Deck aus zu beobachten.

In Skagway haben wir endlich wieder festen Boden unter den Rädern. Der Himmel hängt tief in den Bergen, aber es hat aufgehört zu regnen. Skagway sieht aus wie eine Bilderbuch-Goldgräberstadt. Heute leben gerade mal 700 Leute in der Stadt. 1898, während des Klondike-Goldrausches, waren es über 20000 hoffnungsvolle Seelen, die von hier aus losmarschierten; entweder unermeßlichem Reichtum entgegen oder dem Tod. Und viele, die nach langer Einsamkeit in der Wildnis mit Gold zurückkehrten, erlagen der Versuchung von 80 Saloons, von Huren und Spielern, oder sie wurden Opfer von Dieben.

Der 33 Meilen lange und extrem steile Chilkoot-Trail, über den sich die Glücksritter schleppen mußten, ist heute für Touristen begehbar. Für die 33 Meilen brauchten die Goldsucher damals oft drei bis vier Monate. Die kanadischen Behörden verlangten bei der Einreise von al-

GREEN-PEACE: DIE ARKTISCHE TUNDRA MIT IHREM RAUHEN KLIMA LÄSST KEINE BÄUME WACHSEN

Pisten-Makeup: Harley dreckverkrustet, statt chromblitzend

GOLDSUCHER: NICHT NUR IN CHICKEN, ALASKA LEBEN NOCH GLÜCKSRITTER

len, die zum 560 Meilen entfernten Klondike-Fluß wollten, mindestens 2000 Pfund an Vorräten und Essen.

Da haben wir es heute einfacher. Auf dem Klondike-Highway ist der Nebel zwar so dicht, daß wir kaum die Seitenwagenschnauze erkennen, aber hinter dem White Pass scheint nicht nur die bereits tief stehende Sonne, auch die Beamtin in Fraser, dem kanadischen Grenzposten, macht keinerlei Schwierigkeiten. Sie stempelt die Pässe und wünscht uns gute Fahrt.

Wir lassen das schlechte Wetter hinter uns. Es ist kalt, aber die Sonne scheint, und es ist gut, endlich zu fahren. Hinter Bennett passieren wir die kanadische Provinzgrenze zwischen British Columbia und dem Yukon-Territory. »Welcome to Yukon.« Das klingt nach Jack London, nach Goldgräbern, nach Abenteuer.

Es ist immer noch taghell, als wir gegen zehn Uhr abends in Whitehorse ankommen. Direkt am Yukon-Fluß finden wir ein ruhiges Hotel und mitten in der Nacht sogar noch einen Chinesen, der uns ein Abendessen serviert.

Mit den Breitengraden nimmt auch die Einsamkeit zu. Siedlungen, meist nur Zapfsäulen mit kleinen Restaurants, liegen eine Tankfüllung auseinander, was, bei dem nicht unbescheidenen Durst der Harley, knapp 200 Kilometern entspricht.

Wir fahren durch dichten Nadelwald, ein Wolf überquert die Straße und verschwindet schnell im Unterholz. Elke schreit aus dem Boot. Ich verstehe irgendetwas von Bäckerei. Bäckerei? Das scheint doch ganz schön zu schütteln in dem Seitenwagen. Ich bremse ab. »Dahinten hing ein Bäckerei-Schild, das hat nach rechts gezeigt.«

Brief-Träger:

Einzige Verbindung zur Aussenwelt sind die Mailboxes – sie sind meilenweit von den Wohnhäusern weg

277
DAILY NEWS
THE

Fliegen und Fischen: mit der De Havilland Beaver auf Lachsfang

Ich wende, fahre zurück. Tatsächlich. »Moms Bakery« steht auf dem winzigen, handgeschriebenen Wegweiser. Wir folgen der Piste ein paar Kilometer bis zu einem Holzhaus. Es riecht nach frischem Kuchen. Wir klopfen an, treten ein. Ein großer Raum. Küche, Wohn- und Schlafzimmer in einem. Über dem Doppelbett hängen Maria und Jesus. Frischgebackene Zimtrollen stehen verführerisch auf einem Tisch, Vollkornbrote reihen sich akkurat hintereinander. Niemand da.

An der Wand hängt ein altes, leicht vergilbtes Schwarzweiß-Foto. Ein hübsches, junges Mädchen auf einer Harley-Davidson.

Die Hintertüre öffnet sich. Eine Frau, etwa Mitte 60, lächelt uns an: »Hi, das war ich vor 30 Jahren. Ich war damals die einzige Frau, die so ein Motorrad fuhr. Den Winter über hatte ich einen Seitenwagen montiert, um nicht umzufallen.« Wir trinken Tee, probieren die berühmten Cinnamon Rolls und hören Tracie zu. 20 Jahre war sie jung, als sie mit ihrem Mann nach Milwaukee fuhr, um die neue Maschine abzuholen. Selbst Temperaturen von minus 30 Grad Celsius verkrafteten Frau und Maschine klaglos. »Als unser erstes Kind zur Welt kam, hat mein Mann die Harley verkauft, um ein Auto anzuschaffen.« Sehnsüchtig blickt sie auf das Foto an der Wand.

Beim nächsten Tankstopp steht die Harley wieder im Mittelpunkt. Steve G. Watson, der vollbärtige Besitzer der Braeburn Lodge Petrol Station und Mitglied der »Tundra Tramps Yukon« öffnet seinen Schuppen. Eine angegammelte Knucklehead und eine abgespeckte E-

FANGFRISCH: EIN PRÄCHTIGER SILBERLACHS HAT ANGEBISSEN

Glide stehen im Halbdunkel und wir erfahren, daß die Electra nicht freiwillig, sondern durch einen »fucking truck« ihre Verkleidung eingebüßt hat.

Seit 30 Kilometern sind wir bereits auf Reserve. Ich lasse die Maschine mehr rollen als fahren. Next Service 5 Kilometers. 4, 3, 2 und aus. Mit einem lauten Patschen verabschiedet sich das sonore V2-Geblubber. Das Schlimmste daran ist nicht etwa das unglaublich hohe Gewicht des Gespanns, auch nicht die vom Schieben durchgeschwitzten Klamotten, nein, der Ausdruck ist es. Der Gesichtsausdruck des Tankwartes. Dieses verschlagene Hillbilly-Grinsen und dann natürlich seine unvermeidliche Frage: »Ist Euch der Sprit ausgegangen?«. Nein, wir wollen Benzin sparen, weil es in Kanada so teuer ist wie bei uns. Der Tank ist noch halb voll.

In Dawson City scheint wirklich die Zeit stehen geblieben zu sein. Die Straßen sind ungeteert und voller Pfützen. Hölzerne Gehsteige, die Boardwalks, rahmen Häuser ein, die direkt aus einem Wildwest-Film zu stammen scheinen.

Die Dame an der Rezeption des Triple-J-Hotels klärt uns auf. Die Frostaufbrüche im Winter würden jede Straße zerstören, und jedes neue Haus muß im alten Stil erbaut werden, um den einmaligen Charakter von Dawson City zu erhalten.

In dem kleinen Café am Yukon sitzen vier stoppelbärtige Goldgräber an einem Tisch beim Frühstück. Es müssen Digger sein. Schnürstiefel, Leinenhosen, Parkas – alles ist mit einer hellbraunen Lehmschicht verkrustet. Sie unterhalten sich mit wenigen Worten in gebrochenem

NORDWÄRTS: MEILE UM MEILE ROLLT DIE LANDSCHAFT UNTER DEN RÄDERN WEG

Englisch. Ein zusammengewürfelter Haufen aus verschiedenen Ecken der Welt. Einer steht auf, geht zur Toilette, und als er zurückkommt, steckt er seine Zahnbürste in die Jackentasche. Beim Trinken des dünnen, aber heißen Kaffees halten sie die Hände eng um die Porzellanbecher geschlossen. Selbst im August ist es nachts kalt in den goldhaltigen Bergen rings um Dawson City.

Wo der Klondike in den Yukon fließt, wurde schon Ende des 19. Jahrhunderts nach dem gelben Metall, aus dem die Träume sind, geschürft. Mit ihrem Fund lösten die Goldgräber George Carmack, »Skookum Jim« und »Tagish Charley« am 17. August 1896 am Bonanza Creek den Klondike Gold Rush aus. Anfangs lagen die Nuggets noch im Flußbett wie Kastanien unterm Baum und mußten nur aufgelesen werden. Heute sind die mit Hochdruckwasserschläuchen aus dem Berg gesprengten Goldkrümelchen kaum mit bloßem Auge zu erkennen.

Die Bedienung sieht aus wie aus einem Jahrhundertwende-Saloon. Sie trägt geschnürte, hochhakige Stiefeletten und ein altmodisches Kleid. Immer, wenn die Absätze über den grob gehauenen Holzboden klackern, hängt einer der vier Digger mit schmachtendem Blick an den sich entfernenden Rundungen des Mädchens, die genauso unerreichbar scheinen wie das Gold in den Bergen.

Elke und ich sind mit dem Frühstück fertig, wir zahlen die Blaubeeren-Sauerteig-Pfannkuchen und gehen ins Freie. Die Luft ist kalt und klar, der Himmel blau. Wir sind früh aufgestanden, haben einen Teil unseres Gepäcks im Triple-J-Hotel deponiert. Der Dempster liegt vor uns. Die einsamste und wildeste Nordlandroute Kanadas und

GEMÜTLICH: EINE RUNDE BILLARD IN DER BAR VON MC CARTHY

die einzig legale Piste, die über den Polarkreis hinausführt – durch bewaldete Täler, über windgepeitschte Pässe und arktische Tundra zum gewaltigen Flußdelta des Mackenzie River.

Die ersten 40 Kilometer von Dawson City bis zur Kreuzung des Klondike- mit dem Dempster Highway sind geteert. In der Klondike River Lodge gibt es etwas zu essen und Benzin. 18,9 Liter passen in den Tank der Harley, was etwa 200 Kilometer Reichweite entspricht. Eagle Plains, die erste Tankstelle auf der Strecke, ist laut Karte 363,5 Kilometer entfernt.

Der Tankwart kennt das Motorradfahrerproblem. »Hier, nimm den Kanister, gib' mir 15 Dollar, und wenn Du ihn wieder zurückbringst, bekommst Du 14 Dollar zurück«. Ein Dollar Miete, das ist in Ordnung.

Wir füllen das orangefarbene Plastik-Ungetüm und befestigen es auf dem Soziussitz der Harley, zwischen den beiden Heck-Lautsprecherboxen. Bequemer können Kanister wirklich nicht reisen.

Die Piste beginnt harmlos. Feiner Schotter, eben gewalzt. Wir fahren etwa 80 km/h, ziehen eine kleine Staubfahne hinter uns her. 740 Kilometer liegen vor uns.

Langsam löst sich der dichte Wald auf, es wird hügeliger. Die Aussicht ist gewaltig, keinerlei Luftverschmutzung trübt den Blick in die Ferne. Wie ein altes, angegrautes Telefonkabel verschwindet die Piste am Horizont. Der Himmel hat etwas Gläsernes, er ist transparent blau, verwandelt sich rund um die Sonne in gleißendes Silber.

MOTEL
LOUNGE
Trade Winds

Das Fenster zum Hof:

Ein Palmen-Motel

in Anchorage

weckt Erinnerungen an

wärmere Gefilde

Dann taucht die schroffe Bergkette der Tombstone Range am Horizont auf. Am gleichnamigen Campingplatz bekommen wir den geologischen Vortrag einer Rangerin mit. Die gewaltigen Kräfte der Frostverwitterung haben das steil aufragende Gebirge geschaffen. Gletscher schoben Gesteinsschutt vor sich her, schürften die runden Täler zwischen die Berge und ließen das Geröll nach dem Abschmelzen als Endmoränen liegen. Der Boden ist noch immer gefroren, seit der Eiszeit nicht mehr aufgetaut. Permafrost. An manchen Stellen ein paar Meter unter der Erde, weiter nördlich ist der nicht gefrorene Boden nur noch wenige Zentimeter dick.

Wir durchqueren die Ogilvie Mountains. Im Rückspiegel taucht eine Staubwolke auf. Ein Chevrolet Blazer der kanadischen Highway-Polizei. Die beiden Uniformierten, ein stämmiger Weißer und ein zierlich wirkender Inuit, winken uns freundlich zu.

Der Untergrund wird plötzlich feucht und rutschig. Hier muß kurz vorher einer der Wasser-Lkw vorbeigefahren sein. Um die Staubentwicklung einzudämmen, sprühen diese Tanklaster eine bindende Calciumchlorid-Lösung auf die Piste. Es staubt weniger, aber dafür rutscht es mehr, und alle Fahrzeuge sind nach ein paar Kilometern mit einer dicken, braunen Kruste überzogen.

Kurze Zeit später sehen wir den Polizei-Geländewagen wieder. Er steht am Straßenrand, ohne Inhalt. Wir sehen uns um und trauen kaum unseren Augen. Nebeneinander stehen die Beiden unten am Ogilvie River, in Uniform, die großen 357er Magnum-Pistolen im Halfter und angeln ihr Mittagessen. Das muß eine der beliebtesten Streifenfahrten in Kanada sein.

Die Piste steigt wieder an. Wir passieren die Baumgrenze. Hier wachsen nur noch Gräser und Moose, die als grüner Teppich die sanften Rundungen des Hochplateaus bedecken. Rechts und links flankiert das violette Fireweed die Straße. Die Blüten wachsen an den Stauden von unten nach oben. Wenn sie oben angelangt sind, ist der Winter nicht mehr weit, sagt ein Indianer-Sprichwort.

Eagle Plains besteht nur aus Tankstelle, einer kleinen Werkstatt und einem Hotel, das aussieht wie eine Bauarbeiterbaracke. Die Übernachtungspreise für die einfachen Zimmer bewegen sich im Gegensatz dazu eher auf Fünfsterne-Niveau. Aber hinter dem Haus ist ein Campingplatz, und das Hotel-Restaurant serviert ausgezeichnete Spezial-Eagleburger, die auch unseren beiden Polizisten schmecken. Sie sitzen, mittlerweile in Jeans und T-Shirt, am Nebentisch und diskutieren über Fische.

Die historischen Fotos in der schlichten Hotelhalle geben Auskunft über den Mann, dessen Namen der Highway trägt: Inspector W.J.D. Dempster. Dempster sollte eine verschollene Polizeipatroullie suchen, die im Dezember 1910 mit Hundeschlitten in Fort McPherson aufgebrochen war, um nach Dawson City zu gelangen. Am 22. März 1911 fand er ihre gefrorenen Leichen, nur 26 Meilen von ihrem Startpunkt entfernt. Sie kamen vom richtigen Pfad ab, wollten zurück und hatten schließlich keinen Proviant mehr. In der Not aßen sie ihre Schlittenhunde. Die Leber dieser Tiere enthält aber so viel Vitamin A, daß die Männer mit vollem Bauch an einer Vitaminvergiftung starben.

Am nächsten Morgen trennen uns nur noch etwa 35 Kilometer vom nördlichen Polarkreis. In der Ferne sehen wir die Richardson Mountains, durch ständige Verwitterung sanft gerundete, mit dunklem Grün überzogene Berge. Rechts der Piste liegt eine große Parkbucht mit einem neuen Holzschild: 66 Grad, 33 Minuten, Arctic Circle. Jeder Tourist hält hier an, um das obligatorische Erinnerungsfoto zu schießen. Das wissen die kanadischen Wappentiere ganz genau, doch sie betrachten die Besucher nicht als Gäste sondern eher als mobile Blutkonserven. Wie japanische Kamikazepiloten fallen Hunderte von Moskitos über entblößte Hautflächen her. Nicht nur wegen der Kälte laufen wir nach jedem Anhalten dick vermummt herum.

Die nächste geografische Grenzlinie ist nur 30 Kilometer entfernt. Auf der Wasserscheide zwischen Pazifik und dem Arktischen Ozean liegt die Grenze zwischen dem Yukon Territory und den Northwest Territories. Augenblicklich verschlechtert sich der Pistenzustand. In der nördlichsten Provinz Kanadas sitzt das Geld nicht so locker. Auch auf Calciumchlorid-Sprühen wird hier verzichtet. Entgegenkommende Versorgungslaster hüllen uns in Staubnebel, machen uns minutenlang blind. Die Landschaft wird zunehmend flacher, wir sind im Bereich der arktischen Tundra. Als die Piste etwas breiter wird, weist uns ein Straßenschild darauf hin, jetzt nicht anzuhalten, da wir uns auf einer Notlandebahn befinden. Am Pistenrand ist eine einmotorige Piper festgebunden. Benzinfässer liegen herum, ein Windsack hängt schlaff in der Luft.

Den Peel River überqueren wir mit einer kostenlosen Fähre und gelangen in die erste Siedlung am Dempster Highway: Fort McPherson, ein 632-Seelen-Dorf der Dene-Indianer. Es gibt einen kleinen Supermarkt, ein Schnellrestaurant mit sehr langsamer Bedienung und zwei Zapfsäulen.

Auch den breiten Mackenzie River überqueren wir auf einer Fähre. Auch hier kommt der kanadische Staat für die Fährkosten auf. Thank you.

Die restlichen 90 Kilometer bis Inuvik sind anstrengend und langweilig: Auf tiefem Schotter und durch meterhohe Staubwolken entgegenkommender Fahrzeuge geht es immer nur geradeaus.

Am Ende des Weges liegt das 3400-Einwohner-Kaff Inuvik, dessen buntes Gemisch von Inuit, Indianern und Weißen nach so viel Natur fast den Eindruck einer Metropole erweckt.

Auf keinen Fall sollten die Inuit, wie sie sich nennen, als Eskimos bezeichnet werden. Dem Ausdruck Eskimo haftet etwas Verächtliches an. »Inuit« heißt Mensch und »Inuvik« Platz der Menschen. Der Begriff Eskimo stammt aus der Indianersprache und bedeutet übersetzt: »Die, die rohes Fleisch essen.«

Das Hotel, in dem wir zum Abendessen gegrilltes Karibou-Fleisch probieren, heißt trotzdem Eskimo Inn. Erst um 0.30 Uhr entschließt sich die Sonne am Horizont abzutauchen, gegen vier Uhr geht sie bereits wieder auf.

Inuvik ist – es war nicht anders zu erwarten – sehr teuer. Der Happy Valley Campground ist mit 10 Dollar noch die günstigste Übernachtungsmöglichkeit. Dort treffen wir auf zwei deutsche BMW GS-Fahrer, sichtlich geschlaucht von der Dempster-Fahrt und mit von Dutzenden Moskitostichen angeschwollenen Gesichtern und Händen. Einer flickt gerade zum wiederholten Mal seinen Reifen. Daß wir nicht einmal einen Platten auf dem Weg nach oben hatten, können sie kaum glauben. Dafür haben sie einen Grizzlybären mit Jungen gesehen und wir nicht.

Einen Bären besorgen wir uns trotzdem als Souvenir, und zwar in einer sehr originellen Form. Die Nummernschilder der Northwest Territories haben die Umrisse eines auf allen Vieren laufenden Eisbären. Die begehrten Andenken werden von Kindern in Inuvik für fünf Dollar das Stück verkauft. Wo sie herkommen, ist uns schon klar, aber aufstrebendes Klein-Unternehmertum sollte in jedem Fall belohnt werden.

Auf der Rückfahrt haben wir weniger Glück mit dem Wetter. Dicke Wolken ballen sich zu dunklen Gewitterfronten zusammen. Es ist August, aber die Temperaturen fallen bereits unter null Grad. Als wir anhalten, um noch eine weitere Schicht Klamotten anzulegen, deutet Elke auf das violette Fireweed am Pistenrand. Die Blüten haben fast das obere Ende der Stauden erreicht. Der Winter ist nicht mehr weit.

Auch die nächste Verbindungsstrecke ist ungeteert: Der Top of the World-Highway verbindet Dawson City mit Tok am Alaska Highway.

Auf 127 Kilometern folgt ein Schlagloch dem anderen. Elke macht rekordverdächtige Luftsprünge im Seitenwagen. Diese Blattfedern haben es ganz schön in sich. Vier Stunden später haben wir es geschafft.

Das Gefühl endlich wieder auf einer befestigten Straße dahinzugleiten, macht uns richtig euphorisch. Mit 75 Meilen pro Stunde rauschen wir über eines der berühmtesten Asphaltbänder der Welt, den Alcan-Highway, der 1992 seinen 50. Geburtstag feierte.

Aus Angst vor einer Invasion im Norden Amerikas bauten amerikanische und kanadische Soldaten, 1942, gleich nach dem Angriff der Japaner auf Pearl Harbour, den Highway durch Schlamm, eisige Flüsse und Fels. 2288 Kilometer, zwischen Dawson Creek und Delta Junction, in der Rekordzeit von acht Monaten und zwölf Tagen.

Der uns das alles erzählt, heißt Rudy Marek. Wir treffen den 64jährigen in Tok. Er sitzt in GI-Arbeitsuniform auf der Ladefläche seines perfekt restaurierten Chevrolet US Army-Trucks von 1942 und verkauft sein Buch »North to Alaska«, das von einer abenteuerlichen Tour auf dem Alaska-Highway handelt, die er 1947 mit einem Studebaker unternommen hat.

FELL STATT PLASTIK: IN ALASKA GIBT ES KEINE HELMPFLICHT

Der nächste interessante Typ, den wir treffen, schlägt Rudy um Längen. Leider ist Bill Fenderson 1993 im Alter von 63 Jahren gestorben. Die, die ihn gekannt haben, werden ihn wohl immer in Erinnerung behalten: Lange, graue Haare samt Rauschebart und nur noch einen Zahn im Mund. Seine meistbenutzten Adjektive waren »fucking« und »goddam«, die er bei besonders eindringlichen Erklärungen auch mal hintereinander einsetzte. Er war der Harley-Davidson-Händler von Fairbanks und damit der nördlichste Amerikas. In seinem Shop wechseln wir endlich unsere total abgefahrenen Reifen und fahren weiter nach Süden.

Da wir immer noch keinen Bären gesehen haben, obwohl ständig Schilder und Broschüren vor Meister Petz warnen, machen wir einen Abstecher in den Denali National Park. Nur autorisierte Shuttle-Busse dürfen auf der ungeteerten Parkstraße verkehren. Die kostenlos benutzbaren, ehemaligen Schulbusse sind alle ausgebucht. Wir entscheiden uns für die zweite Möglichkeit, eine 48-Dollar-Fünfstunden-Tour, ebenfalls in alten Schulbussen, aber statt gelb beige angestrichen.

Es regnet leicht, die Piste ist aufgeweicht. Stolz referiert der Busfahrer über die Sicherheitsvorteile einer solchen Tour. Wenn alle mit ihren privaten Fahrzeugen in den Park dürften, würde hier auf der engen Straße einfach zu viel passieren.

Feier-Tag: Alt-Hippies und Biker treffen sich in Talkeetna

Es geht bergab, eine leichte Linkskurve, der Bus erscheint uns viel zu schnell und ist es auch. Der Mann am Steuer tritt in die Eisen und rutscht augenblicklich vom Weg ab. Das Fahrzeug bleibt in atemberaubender Schräglage im Gebüsch hängen. 100 Meter weiter geht es steil bergab. Der vorher noch um sich plappernde Fahrer ist ruhiger und deutlich käsiger geworden.

Vom Ersatzbus aus, übrigens gelb angestrichen und mit erheblich sympatischerem Fahrer besetzt, sehen wir dann nicht nur zwei Grizzlys, sondern auch Elche und Rentiere. Der Mount McKinley, höchster Berg Amerikas, versteckt sich allerdings unter einer geschlossenen Wolkendecke.

Dafür können wir ihn am nächsten Tag in um so schönerer Umgebung genießen. Das Talkeetna Bluegrass Festival findet einmal im Jahr in Sichtweite des McKinley statt, wir sind zur rechten Zeit da, und die Sonne scheint ungewöhnlich warm.

Über dem Festplatz liegt der süßliche Geruch von Marihuana, gemischt mit dem Rauch der Lagerfeuer und Grillplätze. Hobo Jim, der bekannteste Country-Sänger Alaskas, heizt dem Publikum, das zum großen Teil aus Alt-Hippies und Bikern besteht, zusätzlich ein. Bei seiner letzten Zugabe stampft er den Absatz seines Cowboystiefels derart wild auf die Holzplanken der Bühne, daß sie durchbrechen.

So an die 5000 Leute haben sich hier zusammengefunden. Nicht ein Polizist ist in der Nähe. Kein Wunder. Die Fairbanks Hells Angels sind als Ordner engagiert. Unser Harley-Gespann hat so etwas wie Türöffner-Funktion. Der Harley-Parkplatz ist direkt am Festival-Gelände, alle anderen Besucher müssen drei Kilometer zu Fuß gehen.

Spät am Nachmittag ziehen wir weiter, in Wasilla haben wir ein Bed & Breakfast-Hotel gebucht. Doch auf dem Weg dorthin werden wir erneut aufgehalten. In Houston findet ein Treffen für Harleyfahrer statt, die es, warum auch immer, nicht zum jährlichen Biker-Treffen nach Sturgis geschafft haben. Treffend heißt es »Sturgis in Alaska.« Erstaunlich viele Frauen fahren hier selbst. Die rothaarige Sport Glide-Fahrerin Linda klärt uns auf: »In Alaska gibt es nicht nur die meisten Harleys pro Kopf der Staatsbevölkerung, auch mit Abstand die meisten weiblichen Fahrer.« Noch etwas scheint typisch zu sein für die Gegend. Wie schon einige andere Motorradfahrer zuvor hat Linda eine klappbare Angelrute an der Gepäckrolle befestigt.

Wenn hier jeder fischt, müssen wir das natürlich auch probieren, sagen wir uns, und Kenai, auf der gleichnamigen Halbinsel gelegen, bietet dafür ideale Vorraussetzungen. Die Lachse sind gerade dabei vom Meer zurück in die Flüsse zu wandern, um in deren Quellgebiet abzulaichen und zu sterben. Viele scheitern schon an den schwierigen Stromschnellen, die es zu überwinden gilt. Andere enden als willkommene Abwechslung im Diätplan von Schwarz- und Grizzly-Bären, die, wie die Angler, auch die Flußufer säumen.

Wobei der Laie die beiden Typen daran unterscheiden kann, daß Schwarzbären Flüchtenden auf Bäume und Dächer nachklettern, die zum Teil riesengroßen Grizzlies können nicht klettern, sie treten Bäume oder Haustüren einfach um oder ein.

Mike McBride beugt vor. Er verstaut seine Pump-Gun im Frachtraum des Wasserflugzeuges, selbstverständlich einer Beaver, die uns in die Wildnis zu einem fischreichen See bringen soll. »Jeder Buschpilot muß ein Gewehr dabei haben. Wegen der Bären. Das ist Gesetz in Alaska.«

Mike, der Besitzer von »Air Adventures« erklärt uns die Anwendung. »Zuerst eine Schrotpatrone, wenn er schon ziemlich nahe ist, um ihn zu irritieren, dann diese hier, um ihm den Rest zu geben.« Er zeigt uns eine Mordspatrone mit beeindruckendem Kaliber.

Beim Landeanflug sehen wir schon das Aluboot im Ufergestrüpp. Wir drehen es um und starten. Immer wieder wickeln sich Algen und Wasserpflanzen in die Schraube des kleinen Außenborders.

Es ist kalt. Wir haben Hunger, aber seit über einer Stunde kein Ruckeln an der Angel verspürt. Mike hat vorgesorgt. Er zieht die Hot Dogs aus der Kühlbox und versucht ein Feuer anzumachen, was mit dem feuchten Holz einfach nicht gelingen will. Ein Schuß Gemisch aus dem Tank des Außenborders löst auch dieses Problem. Und als die heißen Hunde langsam ihrer Vollendung entgegenkokeln, beißt ein prächtiger Silber-Lachs an.

Die wohl skurrilste Lachsfang-Methode beobachten wir ein paar Tage später, am Kotsina River, kurz hinter Chitina.

Die Strömung bewegt ein großes, hölzernes Rad. Dessen Schaufeln schöpfen das Wasser, und ab und zu erwischen sie einen Lachs, der dann über eine schiefe Ebene in einen bereitstehenden Behälter plumpst. Das ganze ächzt und klappert wie eine alte Windmühle. Der »Angler« sitzt in einem alten, umfunktionierten Schulbus, der als Fortbewegungsmittel und Wohnhaus dient.

Das heisere Lachen der jungen Indianerin im Saloon von Chitina verrät, daß sie die Nächte nur selten im trauten Heim verbringt. Johnny Walker und Jim Beam sind bei ihr gern gesehene Gäste. Der schwergewichtige, breitschultrige Mann, der neben ihr an der Bar sitzt und sie zum Lachen gebracht hat, trägt ein T-Shirt mit dem Aufdruck: »Where the hell is Chitina?« – »Wo zum Teufel ist Chitina?«. Es ist genau hier, am Zusammenfluß von Chitina und Copper River, 180 Meilen östlich von Anchorage.

Wir beobachten die Barszene, kauen dabei die hausgemachten Cheeseburger. Ein jüngerer Typ, mit Stoppelbart und lehmverkrusteter Latzhose schlappt auf das alte Klavier in der Ecke zu und fängt an zu spielen. Mit viel Phantasie entpuppt sich der vermeintliche Goldgräber-Trapper-Song als Elton John's Rocket Man, der fast übergangslos in »Laß es sein«, von den Beatles übergeht.

Über dem Piano hängt ein Wolfsfell. Dann fängt die Indianerin an zu singen. Wir geben eine Runde Budweiser aus. Die Willie Nelson-Interpretation von »You are always on my mind« begleitet uns zur Tür hinaus.

Gegenüber vom Saloon rostet eine Zapfsäule vor sich hin, nur mit Mühe ächzt die altersschwache Pumpe das Benzin in unseren Tank. Ein paar Meter weiter steht ein kleiner Lebensmittel-Laden. Ein handgeschriebener Zettel hängt an der Holzwand: »Bitte bringen Sie Ihre Plastiktüten wieder zurück.« Die alte Besitzerin fragt, wieviel wir getankt haben. Vertrauen ist hier in der Wildnis Ehrensache.

Am Ortsausgang verfallen einige Hütten, davor breitet sich ein kleiner See aus. Mittendrin steht, halbversunken, ein alter Ford-Pick up auf einem winzigen Inselchen, ein Baum wächst aus der geöffneten Motorhaube.

Hier nimmt die McCarthy Road ihren Anfang. Sie überquert den Copper River auf einer Stahlbetonbrücke, dann folgt sie dem Chitina River nach Osten, hoppelt über die stillgelegte Trasse der Copper River & Northwestern Railway. Zerschossene Blechschilder warnen vor den losen Eisenbahnnägeln, die immer mal wieder aus der Piste ragen.

62 Meilen und etwa drei bandscheibenstrapazierende Stunden später trifft das Schotterband auf den Kennicott River, tief in der fast unberührten Landschaft Alaskas. Kupfer brachte die Eisenbahn während des Ersten Weltkriegs aus der einsamen Bergwelt der Wrangell Mountains.

Als die Mine 1938 geschlossen wurde, war sie das reichste Kupfer-Bergwerk der Welt. Fast 600000 Tonnen des grünen Erzes wurden gewonnen, 100 Millionen Dollar Reingewinn verdient, über 800 Arbeiter waren beschäftigt.

1938 verließ der letzte Zug die Mine. Über Nacht verwandelte sich Kennicott in eine Geisterstadt. Der Verfall begann. Die Natur holte sich Bergwerke, Häuser, Wege und vor allem die Bahnstrecke mit all ihren Brücken langsam zurück. Erst in den späten 60er Jahren kamen wieder Menschen, um sich in McCarthy und Kennicott anzusiedeln. Seit einiger Zeit beginnt der Tourismus die romantische Abgeschiedenheit der beiden Orte zu entdecken.

Am Kennicott River stellen wir die Harley ab, und packen das Nötigste. Über den breiten, reißenden Gletscherfluß ist ein Drahtseil gespannt, daran hängt eine eiserne, zweisitzige Gondel. An einem Zugseil hangeln wir uns auf die andere Flußseite. Atemberaubend und vor allem auf den letzten Metern ganz schön anstrengend.

Von hier aus gehen wir noch eine Viertelmeile zu Fuß. Dann sind wir da. McCarthy ist traumhaft. Kein Strom, kein Fernsehen, nur ein paar rostige Pickups, die im Winter über den gefrorenen Fluß geschlittert sind. Wir übernachten in der Lodge von Betty und Gary Hickling. Abends gibt es Hausgemachtes. Alaska, wie es früher gewesen sein muß.

Fünf Meilen weiter die aus rot angemaltem Holz erbaute Geisterstadt Kennicott. Zusammen zählen die beiden Siedlungen etwa 50 eingetragene Wähler, im Winter reduziert sich die Einwohnerzahl auf knapp 20 Seelen. Am nächsten Tag wandern wir nach Kennicott, das zwischen den schneebedeckten Gipfeln der nahezu unberührten Wrangell Mountains liegt. Links von uns die mächtige, zerfurchte Eismasse eines Gletschers. Dicht neben unserem Pfad pflückt ein Schwarzbär Blaubeeren. Er wittert uns, spürt unsere Gegenwart und läßt sich nicht stören. Souveränität des Stärkeren. In einem großen Bogen umgehen wir eventuelle Gebietsstreitigkeiten.

McCarthy ist der Höhepunkt unseres Alaska-Trips. Der Abschied fällt schwer. Wir haben zwar noch einige hundert Kilometer vor uns, aber im Kopf endet die Reise hier, in den Wrangell Mountains.

Wir sitzen in der Bar der McCarthy Lodge. Es ist spät geworden. Beim Geschichtenerzählen vergeht die Zeit wie im Flug. Betty und Gary, die beiden Besitzer, haben sich zu uns gesellt. Das knappe Dutzend Touristen hat sich größtenteils in die Betten verzogen. »Ihr müßt im Winter mal hierher kommen, im März, wenn überall Schnee liegt und die Tage langsam wieder heller werden. Dann gibt es hier nicht so viel Touristen,« sagt Betty und meint es ernst. »Einmal in der Woche kommt das Postflugzeug aus Anchorage, da könnt ihr mitfliegen.«

Betty drückt uns ein Foto in die Hand. McCarthy im Schnee. Wenn die abgelegene Schönheit dieser Gegend überhaupt noch zu steigern ist, dann im Winter.

COWBOYS UND KNÖDEL

NEBEN COWBOYS, PFERDEN, RINDERN UND WÜSTE HAT TEXAS NOCH EINE MENGE MEHR ZU BIETEN, ZUM BEISPIEL DEUTSCHE SIEDLUNGEN IM HILL COUNTRY.

HEISS UND AUSGESTORBEN:
DIE GEGEND ZWISCHEN
TERLINGUA UND LAJITAS IST
VON DER SONNE VERBRANNT

Vorsicht Kurven:

Im südtexanischen Big Bend National Park geht es nicht immer nur ewig lang geradeaus

LUCKENBACH
TEXAS
EST
1849
Budweiser
Lite
BEER
PECIAL TO-DAY
RODE

Luckenbach live:

Ein texanisches Lone Star-Bier, ein bisschen Country-Music und viel Zeit

15 FT 2 IN

HEFTIG:

SÜDTEXANISCHE GEWITTER-REGEN

ÜBERSCHWEMMEN HIGHWAYS

IN MINUTEN, MACHEN

SIE ZU WASSERSTRASSEN

BIG COUNTRY: IN TEXAS SIND SELBST DIE YUCCA-PALMEN GRÖSSER

Noch im Dunkeln zurren wir das Gepäck auf den Maschinen fest. Es ist kurz nach fünf Uhr morgens. Am Tag zuvor, zwischen Marathon und Panther Junction, haben wir hautnah erfahren, was es heißt, im texanischen Sommer um 11 Uhr noch auf Motorrädern unterwegs zu sein. 45 Grad Celsius im nicht vorhandenen Schatten, der Fahrtwind ein Fön, der auf höchster Stufe in unsere Gesichter blies.

Der Morgen in den 1600 Meter hohen Chisos Mountains im Big Bend National Park ist so ungewohnt kühl, daß sogar die Lederjacken wieder einmal zum Einsatz kommen. Die 15 Kilometer Anfahrt boten am Vortag eine willkommene Abwechslung zu bolzgeraden Highways: eine Kurve nach der anderen, erste zaghafte Asphaltkontakte der Harley-Trittbretter.

Jetzt ist es noch zu dunkel zum flotten Abfahrtslauf. Die amerikanischen Nicht-Halogen-Scheinwerfer stochern hilflos in der Finsternis herum. Eine Gruppe Mule Deers, Rehe mit maultierlangen Ohren, lassen ihren Nachtspaziergang auf der Asphaltstraße ausklingen. Wir treten synchron in die Eisen und ziehen nach links. Das war knapp.

Am östlichen Horizont entsteht langsam, fast unmerklich ein zarter, roter Saum. Im Zeitlupentempo modelliert das Licht eines neuen Tages die Landschaft. Schemenhaft, scheinbar aus dem Nichts, formen sich Berge. Canyons schneiden sich dazwischen. Die Straße schlängelt sich in südwestlicher Richtung dahin, verschwindet in kleinen Senken, in denen sich über Nacht Blasen mit kalter Luft gebildet haben.

So muss es sein: Heisse Sonne, endloser Highway und starke Landschaft

Und wieder erzwingen Tiere mit grotesk langen Ohren Bremsmanöver. Diesmal sind es Hasen: Jackrabbits. Die Monsterlöffel sollen nicht nur eventuelle Feinde, wie Kojoten und Pumas, frühzeitig erlauschen, sondern die gewaltige Tageshitze abstrahlen helfen. So steht es zumindest in der von freundlichen Rangern kostenlos verteilten Parkbroschüre. Damit wäre Südtexas ein ideales Reiseziel für Ex-Außenminister Genscher.

Im Zwielicht gleiten wir an der Abzweigung zum Santa Elena Canyon vorbei. Erst als wir schon fast die Parkgrenze erreicht haben, fällt es uns auf, und wir drehen um. Langsam erwärmt sich die Luft.

Mit jeder Minute treibt sie die Quecksilbersäule weiter nach oben. Unerbittlich. Die aufgehende Sonne beleuchtet eine rauhe, bergige und ausgeglühte Landschaft, die vom Rio Grande in einer großen Schleife umflossen wird. Daher der Name des National Parks: Big Bend, große Biegung.

Viel weiter im Osten von Texas fuhren wir durch Hondo. Auf einem Schild am Ortseingang stand: »This is God's country, please don't drive through it like hell«, was frei übersetzt bedeutet: »Dies ist Gottes Land, bitte fahrt nicht durch wie die Irren.«

Gottes Land, das paßt zu dieser Landschaft. Hier, wo er sich unbeobachtet gefühlt hat, konnte er sich so richtig austoben: Farbenfrohe, geologische Formationen, kathedralengleiche Kalkstein-Felsen, die steil am Ufer des Rio Grande aufragen, Fossilien von Meerestieren, Dinosauriern und frühen Säugetieren, mit leichter Hand dazwischengestreut.

Strasse bei Marathon:
Sonnenuntergang
in Texas wie aus einem
Bilderbuch-Western

MORGENNEBEL IM HÜGELLAND: WO TEXAS AM GRÜNSTEN IST

Indianer, die vor etwa 6000 Jahren durch diese scheinbar ungastliche Gegend zogen, glaubten, daß der große Geist nach der Erschaffung der Erde einfach alle übrig gebliebenen Steine und Felsbrocken in den Big Bend warf. Viel hat sich seither nicht verändert. Bis auf bedeutende Kleinigkeiten wie die Straße, auf der die beiden Harleys weiter nach Westen rollen. Eine kurze Tagesetappe soll es heute werden. Rechtzeitig vor der Tageshitze einen schattigen Platz finden und sich bis zum Sonnenuntergang nicht unnötig bewegen. Siesta nennt sich das hier in der Gegend.

Gleich hinter der Parkgrenze stehen wieder wandgroße Billboards, Werbeschilder, die Restaurants oder Motels, Dutzende Meilen entfernt, ankündigen.

Es ist bereits nach 9 Uhr, die Temperatur nähert sich stetig der 40-Grad-Celsius-Marke. Frühstückszeit. In der Fast-Geisterstadt Terlingua gibt es ein Restaurant. Ein paar aus den 70er Jahren übrig gebliebene Blumenkinder leben hier. Drei Tassen des landestypisch dünnen Kaffees sind notwendig, um die fett-triefenden, höllisch scharfen Enchiladas hinunterzuspülen.

Als die Mägen rumorend mit ihrer Verdauungsarbeit beginnen, ist Lajitas erreicht, das Tagesziel. Eine im alten Stil wiedererstandene Westernstadt am Ufer des Rio Grande, einen Steinwurf von Mexiko entfernt. 1915 gab es hier einen Armeeposten, um das Gebiet des Big Bend vor dem mexikanischen Banditen Pancho Villa zu schützen. Das Badlands Hotel bietet Zimmer im Western-Stil, etwa so, wie sie Clint Eastwood in »Erbarmungslos« vorfand. Einzige Zugeständnisse an die Neuzeit sind Telefon, Fernseher und Klimaanlage.

ORIGINAL: SO SIEHT ES AUS, WENN LAJITAS-JAKE BRÜLLEND LACHT

Weltberühmtes Wahrzeichen von Lajitas ist Clay Henry, der uns von früheren Besuchen her bekannt ist. Er lebt neben der Lajitas Trading Post. Doch wir erleben eine Enttäuschung. Jake, ein Cowboy wie aus dem Bilderbuch, erzählt, daß Clay vor einiger Zeit gestorben ist. Also doch der Alkohol, Clay Henry hat einfach zuviel gesoffen. Jake winkt ab: »Er ist immerhin 28 Jahre alt geworden, das ist verdammt viel für eine Ziege, normalerweise sterben die früher. Aber sein Geist lebt weiter. Demnächst wird Clay ausgestopft in der Trading Post hängen. Und der Sohn tritt in seine Fußstapfen.«

Tatsächlich. Es zischt laut, als ich die Lone Star-Dose öffne, die das texanische Nationalbier enthält. Signal für Ziegenbock Clay Henry Jr., aus seinem Verschlag zu stürmen und den gehörnten Kopf durch das Eisengatter zu stecken. Laut gurgelnd saugt der Halbstarke das Bier in einem Zug aus. Jetzt wissen wir endlich, wo der Name Bock-Bier herkommt.

Es klingt wie die kleinen Glöckchen, die an einem Santa Claus-Schlitten hängen, wenn Jake mit den Sporen an seinen Boots über den hölzernen Boardwalk schreitet. Dieser Gang, bekannt, ja fast vertraut, nach so vielen John Wayne-Western. Leicht nach vorne gebeugt, o-beinig und so, als würde er die Stiefel auf rohe Eier absetzen. Wir sind eingeschworene Western-Fans und genießen die Atmosphäre. »65 Jahre sind die Sporen alt, echte Antiquitäten«, sagt der 51jährige Jake, dessen Jeans von speckigen, dunkelbraunen Leder-Chaps fast verdeckt sind. Bei einem Bier fängt er an zu erzählen. Vom Osten Amerikas, wo er aufgewachsen ist, den ver-

Nacht über Lajitas:

Übernachten wie

Filmheld John Wayne,

das Pferd muss

leider draussen bleiben

CE

Kein Saft mehr: Die Gallonen-Zähler stehen auf Null

dammt dicht besiedelten Industriestädten, vom Einsatz in Vietnam, von gescheiterten Versuchen, länger mit ein und derselben Frau zusammen zu leben. Und dann von seiner besten Entscheidung, der, einfach alles stehen und liegen zu lassen und nach Texas, genauer gesagt nach Lajitas zu gehen.

Jake ist glücklich, lacht aber nicht, wenn jemand ein Foto von ihm machen möchte. Das wäre schädlich fürs Image. Cowboys sind cool, sie lachen nie und grinsen kaum. John Wayne hat in seinen Filmen immer nur gelacht, wenn er besoffen war. Doch John ist tot und Jake lebt.

Und wenn ihm die paar Einwohner von Lajitas plus Touristen zu viel werden? »Well, dann setze ich mich auf mein Pferd, reite runter zum Rio und dann durch. Drüben in Mexiko habe ich ein Haus und meine Ruhe. Es ist ein gutes Gefühl, einfach so mit dem Pferd eine internationale Grenze zu überschreiten. Das ist Freiheit.«

Die von der anderen Seite denken genauso. Wenn Mexikaner den knietiefen Rio Grande überqueren, ist das jedoch illegal. Amerikanische Grenzpolizei inspiziert weiter oben im Norden alle Autos, die aus dem Süden kommen. Die meisten Illegalen wollen gleich in die Städte weiter, um dort Arbeit zu finden. Direkt am Fluß gibt es kaum Kontrollen. Weil der Rio Grande so seicht ist, werden die Mexikaner, wenn sie ihn überqueren, von den Texanern Wetbacks, Naßhintern, genannt. Für die Mexikaner und auch für den Rest der Amerikaner sind die Texaner Rednecks, Rotnacken. Wetbacks und Rednecks, in Lajitas leben sie friedlich nebeneinander.

SCHLAFENDE SCHÖNHEITEN: HIER WARTET DORNRÖSCHEN AUF PRINZ

Jake, der Vorzeige-Westmann arbeitet in den Lajitas Stables, organisiert und begleitet ein- bis mehrtägige Ausritte mit Touristen, brutzelt Barbecues in der weiten, unberührten Landschaft. Wie bei den historischen Siedlertrecks fährt ein Küchen-Planwagen mit, der Chuckwagon. Für uns hat er noch einen anderen Gourmet-Tip auf Lager: »In Study Butte, etwa 16 Meilen von hier, macht Tony die besten Hamburger der ganzen Gegend. Außerdem fährt er eine alte Harley. Seine Kneipe heißt Boatmans Bar & Grill.«

Gegen halb neun gibt die Hitze langsam nach. Die tiefstehende Sonne projeziert lange Schatten in die Wüstenlandschaft. Sie begleiten uns und die beiden Harleys zum Abendessen. Die Hamburger halten, was Jake versprochen hat, sie schmecken echt gut. Fließbandproduzierte Big Mäcs haben da schlechte Karten. Das Bier ist eiskalt, und Tony hat tatsächlich eine alte Harley, noch aus AMF-Zeiten. Die Gabel der abgespeckten E-Glide hat er verlängert, damit die Maschine auch Off Road-Einsätze ohne Aufsetzer übersteht. Zum Abschluß hat Tony noch eine Bitte: »Wenn ihr noch andere Biker kennt, die nach Texas fahren wollen, sagt ihnen, daß es hier die besten Burger gibt«. Wir versprechen es.

Der nächste Tag bringt das ohne Zweifel spektakulärste Stück Straße in ganz Texas: El Camino del Rio, die River Road, wie die F.M. 170 hier heißt. 80 Kilometer zwischen Lajitas und Presidio, immer am Rio Grande entlang, auf und ab, durch zahlreiche Kurven. Die Kräfte der Erosion formten fantastische Skulpturen in den Kalkstein und die verfestigte, vulkanische Asche.

GUTE ADRESSE: DAS 1886 VON DEUTSCHEN GEGRÜNDETE LUCKENBACH

STUDY BUTTE-TONY: BEI IHM GIBT ES ERSTKLASSIGE HAMBURGER

Mexiko, auf der anderen Flußseite, scheint so unverändert zu sein, wie vor Jahrhunderten, als spanische Konquistadoren in das Land am Rio Grande kamen.

Presidio hält im Sommer den amerikanischen Hitzerekord, verweist somit das kalifornische Tal des Todes auf Platz zwei. 65 Grad im selbstverständlich spärlich vorhandenen Schatten sind durchaus keine Seltenheit.

Wir sind alleine mit der Straße, flüchten auf dem flimmernden Highway nach Norden. Unsere Landkarte verspricht weiter oben wieder Berge. Der Davis Mountains State Park gleicht einer Oase in der Wüste. Ein kleiner Fluß, der Limpia Creek, fließt durch fruchtbares Grün. Schon zu Pionierzeiten, als die Planwagen Richtung Westen zogen, war die Gegend als Erholungsort bekannt. Kein Wunder, sowohl im Osten als auch im Westen lagen für die Siedler harte Wochen durch karges, trockenes Wüstenland.

Mit den Stahlrössern lassen sich diese Distanzen wesentlich einfacher überwinden, wenn auch nicht ganz ohne Anstrengung. Wolken sind aufgezogen, ein böiger, heißer Wind stellt sich den unverkleideten Maschinen in den Weg. Die Sonne wirft die Schatten der Wolken auf den Asphalt. Wie in einem zeitgerafften Film fliegen sie auf die Motorräder zu. Kleine Windhosen wirbeln Staub auf. Marathon, an sich nur ein Punkt auf der Landkarte, überrascht mit einer stilvoll restaurierten, historischen Herberge. Ein neu angelegter Swimming Pool und kaltes Bier nehmen unseren müden, behelmten Häuptern die Entscheidung ab, wo sie sich heute hinbetten sollen.

BOCK-BIER: CLAY HENRY JR. HAT SEINEN VATER IN LAJITAS ABGELÖST

Böen. Die schweren Harleys sind Spielbälle des Windes. Jetzt wissen wir die geräumigen Highways zu schätzen, wir benötigen die gesamte Breite. Trotzdem fahren wir den kurzen Umweg nach Langtry, wo der berüchtigte Roy Bean Richter und Wirt in Personalunion war. Seine Kneipe benannte er nach der berühmten, englischen Schauspielerin Lillie Langtry, die er vergötterte. Der Saloon war gleichzeitig Gerichtssaal, und das Wort von Judge Roy Bean war 1880 das Gesetz westlich des Pecos.

Auf der Pecos-Brücke klammern wir uns an den Lenkern fest. Östlich von Del Rio flaut der Wind ab, die Wolken verdichten sich immer mehr, es ist sehr schwül. Gewitterstimmung ohne Blitz, Donner und Regen.

Doch wir lassen uns nicht abschrecken, steht doch ein ganz besonderes Ziel auf dem Programm. Sieben Meilen nördlich von Bracketville liegt Alamo Village. Auf dem Gelände der Shahan Angus Ranch entstand zwischen 1957 und 1959 die Replika einer 1727 in San Antonio erbauten spanischen Missions-Station.

Seit 1836 ist sie als »der Alamo« berühmt und so etwas wie ein National-Heiligtum. Damals hielten 189 texanische Freiwillige die Festung 13 Tage lang gegen den selbsternannten, mexikanischen Diktator Santa Ana und seine über 4000 Mann starke Armee. Beim endgültigen Sturm kamen alle Texaner ums Leben. Die Verluste der mexikanischen Armee waren verheerend. Nur wenige Wochen später wurde Santa Ana mit dem Kriegsruf »Remember the Alamo« vernichtend geschlagen. Der texanische Unabhängigkeitskrieg war entschieden, der Alamo ist seither ein Symbol für die Freiheit.

TRAUMHAFTE FLUSSLANDSCHAFT: DER RIO GRANDE TRENNT TEXAS VON MEXICO

GANZJÄHRIG WEIHNACHTEN: IM CHRISTMAS STORE VON FREDERICKSBURG

»John Wayne wollte diesen Western unbedingt drehen, die Schlacht um den Alamo ließ ihn nicht los,« erzählt der 79jährige James T. »Happy« Shahan, Besitzer der Shahan-Ranch, »der mexikanische Präsident war ein Freund von ihm und hatte ihm Mitte der 50er Jahre die Erlaubnis gegeben, für einen Western eine Missionsstation in Mexiko zu rekonstruieren. Als der Präsident jedoch erfuhr, daß der Alamo auf seinem Staatsgebiet wiedererstand, schmiß er den Duke aus dem Land. Ich rief John an und schlug ihm vor, die Filmkulisse auf meiner Ranch nachzubauen.«

Zwei Jahre brauchten sie für den Aufbau der Festung. Über eine Million Lehmziegel wurden gebrannt. Zwölf Millionen Dollar waren 1959 die größte jemals für einen Film ausgegebene Summe.

In der Nähe des Replica-Alamos steht eine komplette Westernstadt mit allem, was dazu gehört: Saloon, Gefängnis, Hotel, Kirche, Bank und Schule. Hier werden auch heute noch Filme gedreht. In der restlichen Zeit steht das Gelände Besuchern offen. Wie dem Harleyfahrer, der in der Main Street zum Duell gefordert wird.

Nur ein paar Kilometer östlich beginnt das texanische Hügelland mit traumhaften Motorradstrecken. Vor allem das Stück auf der »337« zwischen Camp Wood, Leakey und Vanderpool verdient das Prädikat: sehr empfehlenswert. Alles erinnert ein bißchen an heimische Gefilde, und der Eindruck täuscht nicht. Mitte des 19. Jahrhunderts begann die deutsche Besiedlung des Hügellandes. Ortsnamen wie Fredericksburg, Luckenbach, Gruene und New Braunfels zeugen noch heute von der Vergangen-

MOONLIGHT SHADOW: ABENDSTIMMUNG ZWISCHEN STUDY BUTTE UND LAJITAS

heit. Den Siedlern aus der alten Welt gefiel das Land so gut, weil es sie mit seinen Hügeln, Wiesen und Flüssen an die alte Heimat erinnerte.

Kneipen und Lokale in Fredericksburg werben mit deutschen Namen und Gerichten. Pumpernickel und Knackwurst, Sauerbraten und Knödel.

Man spricht jedoch kaum Deutsch. Im Altdorf-Biergarten bestellen wir nach dem üppigen »Wiener Schnitzel« einen Jägermeister.

»Sorry, we don't have this beer« – »Dieses Bier haben wir nicht«, antwortet die Bedienung. Ihre Kollegin kennt sich schon besser aus: »It's not a beer, it is this hangover stuff« – »Das ist kein Bier, das ist dieses Kater-Zeugs«, und sie schickt uns in die Backdoor-Bar am Ortsende.

Das Schönste an Fredericksburg ist der Ausflug ins nicht weit entfernte Luckenbach. Heute noch sehen die einzigen Gebäude, General Store und Saloon, aus wie damals, 1886. Es ist Wochenende, Sonntagnachmittag. Ein paar Harleys stehen bereits vor dem Store, der größte Teil der Fahrzeuge besteht aus Pick up Trucks, den texanischen Volkswagen. Ein Typ mit schweißgerändertem Stetson und einer Gitarre spielt und singt. Einen Country-Song von Willie Nelson oder Waylon Jennings. Zwei eiskalte Lone Star-Dosen zischen beim Öffnen. Der kühle Inhalt rinnt die staubigen Kehlen hinunter. Die untergehende Sonne taucht die Szene in ein warmes Licht. Momente, wie sie eigentlich nie vergehen sollten, es aber doch immer tun. Schon im Dunkeln zurren wir das Gepäck auf den Maschinen fest.

GO WEST

Der Westen der USA
ist eines der beliebtesten
Ziele in Amerika.
Neben den Klassikern
Grand Canyon und Monument
Valley locken jedoch
auch versteckte
Highlights,
abseits der Hauptstrecken.

WESTERN-DENKMAL:
DAS BERÜHMTE
MONUMENT-VALLEY IM
NAVAJOLAND, ZWISCHEN
ARIZONA UND UTAH

Gleit-Zeit:

mit 55 Meilen in der Stunde

auf der Harley dem

Horizont entgegentuckern

Off Road-Paradies:
Nicht nur Enduro-, auch
Geländewagenfahrer
kommen rund um Moab auf
ihre Kosten

Klappern gehört
zum Handwerk:
Yamaha-Fahrer John ist
Schlangenfänger

APACHE ROOM
FOUND NEAR
IT
175

CHECKERBOARD MESA: EINE VERSTEINERTE SANDDÜNE IM ZION PARK

Die Ankunft in Los Angeles ist immer mit einem kleinen Kulturschock verbunden. Die immense Ausdehnung der Stadt schafft Europäer. Mit Jet-lack-getrübtem Blick holen wir unsere Maschinen aus dem Flughafen-Zoll und tuckern, tierisch müde, Richtung Melrose Avenue, um dort in einem der etwas günstigeren Motels abzusteigen. Überall riesige Leuchtreklamen, deren grelle Helligkeit in den Augen brennt, ein gnadenloser Verkehr und ohrenbetäubender Lärm.

Wir finden schließlich ein Motel, wo wir die Motorräder sicher unterstellen können. Bevor wir uns aufs Ohr legen, machen wir noch einen Bummel durch die Melrose Avenue, immer noch eine der verrücktesten Einkaufsstraßen von L.A.. In einem Orginal-Diner mit rotüberzogenen Hockern und Rock-and-Roll-Musik genehmigen wir uns einen Begrüßungs-Hamburger.

Am nächsten Morgen, nach Kaffee und Croissants im »Vienna«, Melrose Avenue, tuckern wir zum Strand, dem berühmtesten der Stadt: Venice Beach. Hier gibt es die wohl größte Konzentration von Verrückten auf kleinem Raum. Die Straße, die am weißsandigen Strand entlangführt, ist gleichzeitig Show- und Theaterbühne.

Spärlich bekleidete Girls auf Roller-Skates, zu Löwen umrasierte Chow-Chow-Hunde, schwarze Breakdancer und muskelbepackte Exhibitionisten stehlen sich gegenseitig die Schau.

Nach gut zwei Stunden haben wir genug Live-Action erlebt. Jetzt suchen wir Ruhe und die sprichwörtliche Weite der Landschaft. Doch erst müssen wir das schier

SCHWEISSTREIBEND: MOUNTAINBIKE-TRIP AUF EINEM TRAIL BEI MOAB

unüberwindliche Freeway-Netz von L.A. überstehen. Über eine Stunde fahren wir auf der Interstate »10« nach Osten, bis das erste Grün zwischen den Häusern auftaucht.

Hinter San Bernardino fällt die Straße in die Wüstenebene ab. Hunderte von riesigen Windrädern stehen hier in den Bergen, erzeugen Strom auf umweltfreundliche Art und Weise.

Um zur nördlichen Zufahrt in das Joshua Tree National Monument zu kommen, fahren wir auf der »62« weiter, über Yucca Valley nach Joshua Tree. 67 fantastische Meilen lang führt eine kleine, bergige und kurvige Straße durch den Park mit seiner charakteristischen Vegetation. Bis zu 15 Meter Höhe erreichen die Joshua Trees, Palmlilien mit zum Teil bizarr geformten Ästen. Angeblich erhielten sie ihren Namen von Mormonen, die sich bei ihrem Anblick an eine Zeile aus dem Buch des Propheten erinnerten: »Du sollst dem Weg folgen, der dir von den Bäumen gewiesen ist.«

Am Südende des Parks stoßen wir wieder auf die Interstate »10«, die wir auf einer Brücke überqueren. Über Mecca und Niland folgen wir kleinen Sträßchen nach Süden. Besonders skurril ist die »78«. Sie führt mitten über ein gewaltiges Sanddünen-Gebirge. Rechts und links des verwehten Teerbandes fliegen Buggies und Moto Cross-Maschinen durch die Luft.

Bei Yuma passieren wir die Staatsgrenze nach Arizona und lassen uns auf der Interstate »8« weiter nach Osten treiben. Ajo, südlich von Gila Bend, ist eine der vielen nicht mehr aktiven Minenstädte Südarizonas. Wir über-

WILD, KARG UND SCHÖN:
JOSHUA TREE NATIONAL
MONUMENT IN KALIFORNIEN
IST AUF ALLE FÄLLE
ZWEI REISETAGE WERT

SKURRIL: DER EIN-BUCH-BUCHLADEN VON WALTER SWAN IN BISBEE

nachten im Haus des ehemaligen Managers, das zu einer attraktiven Bed & Breakfast-Unterkunft umgebaut worden ist.

Die »86« führt durch das Papago-Indianer-Reservat. Eine geniale Abwechslung zum eintönigen, geraden Highway-Gleiten bietet die Anfahrt zum Kitt Peak Observatory auf einem Berg, hoch über der Wüste – neun Meilen Kurven vom Feinsten und die gleiche Strecke wieder zurück.

Den wie ein Krebsgeschwür wuchernden Wüsten-Moloch Tucson meiden wir, ziehen die kleinen Städte in der Nähe der Grenze vor. Bisbee gehört dazu. Der Ort ist das Gegenteil einer aufgeräumten, amerikanischen Kleinstadt. Kein Wunder, daß die 7000-Seelen-Gemeinde oft als »die größte offene Irrenanstalt der USA« bezeichnet wird.

Eigentlich hätte die 1880 gegründete Minenstadt das gleiche Schicksal erleiden müssen wie andere Siedlungen, deren Existenz einzig und allein im Erzgehalt ihres Untergrundes bestanden hat. Mehr als ein Dutzend Geisterstädte, die nur aus verfallenen Gebäuden und Schutt bestehen, sind über die Landkarte Südost-Arizonas verstreut.

Als Bisbees Kupfer- und Türkis-Mine ausgebeutet war, drohte zunächst das gleiche Schicksal. Arbeitslose Bergleute mußten sich irgendwo einen anderen Job zu suchen. Die wunderschönen Häuschen mitten in den Bergen, die den Betrachter eher an die Alpen als an Amerika erinnern, gab es Anfang der 70er Jahre fast umsonst.

Das kam den pensionierten Alt-Hippies an der Westküste zu Ohren, denen es in Kalifornien zu teuer gewor-

STAUBIG: DIE PISTE ZWISCHEN TOMBSTONE UND DER GEISTERSTADT GLEESON

den war. In Scharen und mit fast verwelkten Blumen im langen Haar kamen sie nach Bisbee und ließen den Ort wieder aufblühen.

Die übriggebliebenen Einwohner waren am Anfang äußerst skeptisch, arrangierten sich aber schnell mit den etwas eigenartig aussehenden Typen, die Cafés und Galerien eröffneten und überall kräftig renovierten.

Heute lebt in Bisbee ein buntes Gemisch aller Nationen und Hautfarben friedlich nebeneinander. Eines von den alten Häuschen kostet zwar mehr als vor 20 Jahren, ist mit 30000 US-Dollar aber immer noch günstig.

Viele Aussteiger aus den großen Städten kamen in letzter Zeit dazu. Der Yuppie und Ex-Broker aus der Wall Street hat in der Main Street von Bisbee mit einem kleinen, edlen Restaurant seine Ruhe gefunden.

Direkt gegenüber von einem, passend zu Bisbee, eher ungewöhnlichen Buchladen. Der »One Book-bookstore« verkauft tatsächlich nur ein Buch. Das von Walter Swan, der tagaus, tagein mit Latzhose und schwarzem Cowboyhut im Sessel seines Ladens sitzt.

Die Geschichte des 77jährigen ist eine ungewöhnliche Variante der amerikanischen Erfolgsstory. Sein ganzes Leben hat er als Gipser gearbeitet, Hunderte von Häusern verputzt. Abends erzählte er seinen acht Kindern Geschichten von früher, von der nicht immer so guten alten Zeit.

Obwohl er nie richtig schreiben gelernt hatte, hackte er mit zwei Fingern seine Erinnerungen in eine alte Schreibmaschine. Seine fünf Jahre jüngere Frau Deloris überarbeitete die Anekdoten, tippte sie neu und sammelte

Atemberaubend: Der Blick in das grösste Loch der Erde

HUFSCHMIED-SCHULE: IN ARIZONA IST TRADITIONELLES HANDWERK GEFRAGT

sie in einer alten Obstkiste. Als diese 1976 voll war, nannte Walter die Geschichten »me 'n' Henry« – »Ich und Henry«, nach sich und seinem Bruder, den Hauptpersonen in den Stories. Dann machten sich Walter und seine Frau auf die Suche nach einem Verleger.

Keiner interessierte sich für das naive Werk mit der lausigen Grammatik.

Die beiden nahmen einen Kredit von 6750 Dollar auf und ließen 1000 Bücher drucken. Walter lud sie in den Kofferraum seines alten Autos und fuhr zu Arizonas Souvenir- und Buchläden. »Die wollten alle 40 Prozent Provision von den 20 $ Verkaufspreis«, erzählt er, »wir sagten uns, da muß es noch einen anderen Weg geben.«

Und so zogen sie 1989 in Walters Heimatstadt Bisbee und eröffneten ihren eigenen Shop, direkt neben einem anderen Buchladen. Gefragt, ob er denn keine Angst vor der Konkurrenz hatte, schüttelt er den Kopf: »Warum sollte ich? Die verkaufen eine Menge Bücher, ich verkaufe nur eines.«

Ein Artikel auf der Titelseite von »The Arizona Republic« brachte den Durchbruch. Fast alle Zeitungen Arizonas berichteten danach über den ungewöhnlichen Autor und seinen Laden. Es folgten Nachrichten-Agenturen, nationale und internationale Publikationen, Radio-Interviews und schließlich eine Fernsehshow nach der anderen.

Zehntausende von Bestellungen gingen in Bisbee ein. Verleger entdeckten das Winzkaff plötzlich auf der literarischen Landkarte. Heute verkauft Walter etwa 50 Bücher am Tag. Die Wände seines Ladens sind tapeziert mit

Kraft durch Wind:

Bei Palm Springs wird

alternativ

und umweltfreundlich

Energie gewonnen

Wahrzeichen vom Venice Beach: One Man-Band Harry Perry

Briefen aus aller Welt, die ihm die Fans seiner Geschichten geschickt haben.

Und wie hat ihn der gewaltige Erfolg verändert? »Alles was ich bin, ist Walter Swan«, sagt er, »nie bin ich etwas anderes gewesen.«

John und Sandy hatten früher einen ganz anderen Job. Manager einer großen Firma in einer noch größeren Stadt. Jetzt haben sie sich dahin zurückgezogen, wo selbst Nachnamen keine Bedeutung mehr haben. Für ihr Domizil, das aus zwei alten, türkisfarbenen Wohnwagen besteht, suchten sie sich einen der verlassenen Minenorte aus.

In die Geisterstadt Gleeson, nördlich von Bisbee, führt eine holprige Wellblechpiste, die die Harley protestierend scheppern läßt. Erst mit etwa 50 Meilen pro Stunde kommt etwas Ruhe ins Fahrwerk. Am Ende ist der Chrom unter einer roten Puderschicht verschwunden.

John und Sandy fangen Rattlesnakes – Klapperschlangen. Einer der beiden Wohnwagen ist voll mit Reptilien-Souvenirs: Schlüsselanhänger, Geldbeutel, Gürtelschnallen und Messerscheiden. Vor dem Caravan steht eine verwitterte Holzkiste mit zerknitterten Dollarscheinen. Eine handgeschriebene Notiz weist darauf hin, Geld für mitgenommene Andenken dort reinzulegen. Kontrolle ist gut, Vertrauen ist besser.

Einer Klapperschlange hat John allerdings noch nie über den Weg getraut. Auf die Frage, wo er denn die pos-

GRAND CANYON: AM TOROWEAP POINT GEHT ES 1000 METER RUNTER

Sehr empfehlenswert: Leckeres Essen in Barbecue-Restaurants

sierlichen Tierchen halten würde, lacht er nur. »Ich erledige jeden Rattler dort, wo ich ihn finde. Es ist zu gefährlich, mit lebenden Schlangen zu hantieren. Die Bisse sind zwar selten tödlich, das Nervengift aber so schmerzhaft, daß sich Gebissene nichts sehnlicher wünschen als einen schnellen Tod.«

Ein langer Aluminiumstab mit Pistolengriff und Schlinge am Ende, dient ihm zum Fangen und Würgen der Klapperschlangen. Wer eine offizielle Lizenz zum Töten besitzt, darf vier Tiere der nicht geschützten Arten pro Tag jagen.

Dann beruhigt John noch all jene Motorradfahrer und -fahrerinnen, die sich, um ein Geschäft zu erledigen, in die Büsche zurückziehen müssen. Klapperschlangen klappern zwar nicht immer zur Vorwarnung, dafür können sie nicht durch Lederstiefel beißen. Und wenn sie angreifen, passiert das relativ langsam, mit etwa sechs Meilen pro Stunde. Bleibt also genug Zeit, um abzuhauen.

In den Büschen lauert allerdings eine ganz andere Gefahr. Südarizona ist berühmt für seine Stachel-Flora. Riesige Orgelpfeifen- und Saguaro-Kakteen schrecken Anlehnungsbedürftige schon durch ihre Größe ab. Wesentlich fieser sind die kleinen, kuschelig aussehenden und deshalb wohl so getauften Teddybear Chollas. Mit liebevoller Anhänglichkeit haben diese Kakteen allerdings nichts am Hut. Feinste Erschütterungen des Bodens melden ungebetene Gäste an das sensible Pflänzchen, und dieses beschießt sie mit haarfeinen, extrem stabilen Nadeln, die selbst dicke Lederklamotten und -stiefel durchdringen und sich mit Widerhaken in der Haut festsetzen.

GESCHICHTSBEWUSST: IN TOMBSTONE TRÄGT MANN COLT, FÄHRT ABER PICKUP

Die Zeit der häufigen Schußwechsel ist in Tombstone schon länger vorbei, obwohl einige Einheimische nach wie vor in traditioneller Cowboy-Tracht samt Colt im Gurt über die hölzernen Boardwalks schreiten. Allerdings haben meist hochbeinige Pick ups die Rolle der Pferde übernommen.

Ein nur 30 Sekunden dauerndes Duell machte Tombstone zum Mythos. Am Postkutschenbüro O.K. Corral erledigten 1881 Marshall Wyatt Earp, seine Brüder Virgil und Morgan sowie sein lungenkranker Freund Doc Hollyday die bösen Clanton-Brüder.

Doc Hollydays Freundin wurde Big Nose Kate genannt. Ihren Saloon gibt es immer noch. Der Boden ist übersät mit Sägespänen, um verschüttete Alkoholika aufzusaugen. Ein stilechter Ort, um ein Bier am Tresen zu kippen.

Ausgeschlafen fahren wir am nächsten Tag zurück nach Norden, Richtung Phoenix und dann immer geradeaus. Immer weiter geht es hinauf auf das Colorado-Plateau, die Temperatur läßt nach, die Wüste ist vergessen. In Flagstaff, dem letzten Vorposten vor dem größten Loch der Erde, sieht es schon fast aus wie in den Alpen. Der Südrand des Canyons ist voller Touristen, wir wollen ein paar Tage später lieber den einsameren Norden genießen.

Mittlerweile rollen wir über indianischen Boden. In hohem Bogen spuckt der Navajo die bräunliche Masse gekauten Tabaks in den Staub. »Two Dollars«, sagt er mit einer Stimme, deren Bänder des öfteren mit Jim Beam und Johnny Walker Kontakt aufnehmen.

Wir passieren sein Kassenhäuschen und rollen in den Navajo Tribal Park, in dessen Zentrum das durch unzähli-

INDIANER HEUTE: REITFÜHRER FÜR TOURISTEN IM MONUMENT VALLEY

ge Western zu weltweiter Berühmtheit gelangte Monument Valley liegt.

Der Zigaretten-Hersteller mit dem Cowboy und dem weißen Hut jagt hier seit vielen Jahren die handverlesenen Teilnehmer seines Abenteuer-Teams auf Motorrädern und Jeeps durch das teilweise recht unwegsame Gelände. Auch Yamaha veranstaltete hier schon einmal die jährliche Spirit-of-Adventure-Tour.

In letzter Zeit entdecken mehr und mehr Individual-Touristen die wüsten Pisten Arizonas, Utahs, Colorados und New Mexicos – auf in den USA gekauften oder aus Deutschland mitgebrachten Enduros. Der immer noch günstige Dollarkurs und die unruhige, politische Situation in Nordafrika und der Sahara locken zunehmend Enduristen in die amerikanischen Trockengebiete.

Die 27 Kilometer lange Holperpiste durch das Tal der roten Felsstümpfe gehört eher zu den einfacheren Übungen und ist sowohl mit Goldwing als auch Harley-Davidson durchaus im Schritt-Tempo zu meistern.

Interessanter wird es weiter nördlich, in Utah. Dort liegt das kleine, nur auf den ersten Blick recht verschlafen wirkende Städtchen Moab. Der Ort gilt als Mekka der Mountainbiker und Geländewagenfahrer. In den Buchhandlungen gibt es massenhaft Jeepkarten und Mountainbike-Führer mit Off Road-Strecken aller Schwierigkeitsgrade. Was für Strampler und Four Wheeler gut ist, gefällt Enduristen erst recht.

Im Canyonlands National Park, einem der am wenigsten erschlossenen der ganzen USA, ist Off Road-Fahren nicht nur erlaubt, sondern die einzige Chance, die abgelegenen Schönheiten dieses Parks zu erreichen. Und dort kann es ohne weiteres passieren, daß der Endurofahrer ein paar Tage lang keine Menschenseele zu Gesicht bekommt. Ausreichend Benzin- und Wasservorräte sind unbedingt notwendig.

Nachdem wir uns ein paar Tage mit V 8-Miet-Jeep, Four-Wheelern und Mountainbikes ausgetobt haben, wollen wir wieder zurück auf die Straße. Zwei Strecken sind sowohl landschaftlich als auch fahrerisch absolute Highlights. Die Tour durch den Arches National Park mit seinen natürlichen Steinbögen und der kurvenreiche Weg auf der »313« zum Dead Horse Point.

Aber auch der weitere Weg nach Westen geizt nicht mit Reizen. Erst folgen wir der Interstate »70«. Auf der »24« nach Hanksville wird es dann wieder ruhiger. Deutlich ruhiger. Gerade mal zwei Autos auf 44 Meilen. So muß es sein. Durch den eher unbekannten Capitol Reef Park gelangen wir in die ausgedehnten Wälder des Dixie National Forest.

Wie auf einer Perlenkette sind die nächsten berühmten Nationalparks aufgereiht: Bryce, Zion und Cedar Breaks. Und uns wird mal wieder die Zeit knapp. Wir heizen durch bis Kanab, da wir noch einen sehr lohnenswerten, aber zeitaufwendigen Ausflug vor uns haben.

Im 1931 erbauten Motel »Parry's Lodge« sollen die berühmtesten Westernstars Hollywoods genächtigt haben. Über 50 Western und Fernsehserien wurden hier in der Gegend seit 1924 gedreht. Die Zimmer der Stars sind mit Namensschildchen aus Messing gekennzeichnet.

Nach einer Nacht im John Wayne-Room starten wir früh am Morgen. In Fredonia füllen wir den Tank auf.

Etwa 13 Kilometer weiter zweigt eine staubige, im trockenen Zustand aber gut zu befahrende Piste nach Süden ab, zum Mt. Trumball und Toroweap. Unser Ziel.

Da es relativ schwer zu erreichen ist, fehlen die Wohnmobile und Miet-Cabrios mit kalifornischen Nummernschildern.

Knapp 100 Kilometer eiern wir vor uns hin, dann passieren wir die Parkgrenze.

Hier ist der Grand Canyon noch wild und ursprünglich. Kein Hotel, nur ein primitiver Campingplatz, ohne Wasser, aber mit einem idyllischen Grillplatz, direkt am Steilabbruch des Toroweap Point. Eine rote Wand fällt 1000 Meter senkrecht zum Colorado hinab.

Im Abendlicht sitzen wir auf den warmen Felsen. Wir sind die einzigen Menschen hier. Eine fast meditative Erfahrung. Der ideale Platz, um Ruhe zu tanken für den Rückweg über Las Vegas nach Los Angeles.

SPRING TIME

NEBEN TRAUMHAFTEN MOTORRADSTRECKEN BIETET DAS KLEINE LAND AM ENDE DER WELT EINE GANZE MENGE ADRENALINFÖRDERNDER FREIZEITAKTIVITÄTEN. BUNGY-JUMPING WURDE NICHT UMSONST HIER ERFUNDEN.

Wasser marsch:

**Eine von 70 haarigen Fluss-
durchquerungen zwischen den
Goldgräberstädten
Arrow- und Macetown**

See-Blick:

der Tekapo Lake auf der

Südinsel Neuseelands

begeistert jeden durch seine

traumhafte Lage

WESTCOAST-SWING:

KURVEN UND AUSGEZEICHNETE

STRASSEN ZWISCHEN MEER,

GLETSCHERN UND DSCHUNGEL

Wahrzeichen am Horizont: der oft nebelverhüllte Mount Egmont, der Fujijama Neuseelands

AILWAY
GIVE WAY
93
SQJ

ERFRISCHEND: EIN BAD IM EISKALTEN GOLDGRÄBERFLUSS ARROW RIVER

Einst säumten 14 Hotels die Hauptstraße von St. Bathans. Doch das ist schon ein gutes Jahrhundert her. Die Goldfelder von Otago, tief im Süden der Südinsel Neuseelands sind größtenteils ausgebeutet, ganze Hügel völlig abgetragen. Statt 2000 leben heute nur noch 13 Menschen in der Fast-Geisterstadt, acht Erwachsene und fünf Kinder. Vulcan Hotel, Post Office, Gefängnis und eine Handvoll andere Holzbauten erinnern noch an die hektischen Tage Ende des 19. Jahrhunderts. Nur ein paar staubige Pisten führen in den idyllischen Ort.

Obwohl bewohnt, gilt die kleine Siedlung als Geisterstadt. Im Zimmer »1« des Vulcan soll sich seit einigen Jahren ein Gespenst nachts auf den Brustkörben der Gäste niederlassen.

Lawrence, der das alte Hotel zusammen mit seiner Frau Karen gepachtet hat, steht an der prächtigen Edelholz-Bar und erzählt die Geschichte, ohne eine Miene zu verziehen. Kurz danach reist das ältere Pärchen aus Christchurch ab. Es hatte ursprünglich zwei Nächte in Zimmer »1« gebucht.

Der vollbärtige Curly, ein übrig gebliebener Goldgräber undefinierbaren Alters, der fest zum Hotelinventar zu gehören scheint, gießt ein weiteres dunkles Speigth's aus dem Bierkrug in sein Glas, grunzt Unverständliches und lacht krächzend vor sich hin.

Fünf Minuten vom Hotel entfernt lädt der Blue Lake zu einem erfrischenden Bad ein. Seine Ufer sind von bizarren Steinformationen eingerahmt. Ein 120 Meter hoher Hügel ragte hier in den 80er Jahren des 19. Jahrhun-

RASANT UND FEUCHT: MIT EINEM JETBOAT DURCH DIE BULLER GORGE

derts steil nach oben, die Digger hinterließen ein 69 Meter tiefes Loch, das sich seither mit Grund- und Regenwasser gefüllt hat.

Doch Lawrence bewahrt nicht nur das historische Erbe der einstigen Bewohner St. Bathans, er ist auch intimer Kenner und Verehrer der Motorradbaukunst der früheren Kolonialmacht England. Eine wunderschöne Triumph Bonneville ziert die Garage des werktags Enduro fahrenden Hoteliers, der die Off Road-Pisten der Umgebung kennt wie die Taschen seiner Wachsjacke. Die Liebe zur Engländerin wird sein vierzehnmonatiges Töchterchen, übrigens St. Bathans Einwohner Nummer 13, ein Leben lang begleiten. Ihr Name: Bonnie.

Der Fuhrpark des Lawrence von St. Bathans weist noch eine weitere Rarität auf: den Vulcan Falcon, ein hausgemachtes Cabrio. Lawrence hat dem serienmäßigen Ford Falcon Stationwagon in Heimarbeit das Dach abgesägt und die Türen zugeschweißt, das Gesamtwerk schließlich pink lackiert und die Kühlerhaube mit einem Kuhschädel verziert. Ursprünglich als Hochzeitswagen genutzt, dient die Kiste jetzt, ausgerüstet mit Suchscheinwerfer und Schrotflinte, als Karnickel-Jagdwagen.

Die Goldgräberstadt Arrowtown ist nur etwa 150 Kilometer von St. Bathans entfernt, doch zwischen den Siedlungen liegen Welten. Das historische Arrowtown sieht zwar recht nett aus, bietet aber nur wenig authentisches Flair. Die originalgetreu restaurierten Gebäude beherbergen keine Originale mehr. Ein Souvenirladen reiht sich an den nächsten. Große Reisebusse quälen sich mit Hundertschaften japanischer Touristen durch die enge Mainstreet.

ENGLISCHE VERGANGENHEIT: DIE KOLONIALHERREN HINTERLIESSEN TYPISCHES

Doch in Arrowtown liegt der Ausgangspunkt nach Macetown, und der Weg dorthin gilt als eine der anspruchsvollsten Off Road-Strecken Neuseelands. Die ehemalige Goldgräberstadt liegt nur 15 Kilometer von Arrowtown entfernt. Eine alte Schotterpiste schlängelt sich entlang dem gleichnamigen Fluß, der auf der Strecke – und das macht den Reiz aus – etwa 70 mal durchquert werden muß. Ein Paradies für Endurofahrer. Manche Furten sind bis zu 80 Zentimeter tief und nur mit schleifender Kupplung und hohen Drehzahlen zu schaffen. Dann schiebt die Maschine eine Bugwelle vor sich her, die bis über den Scheinwerfer spülen kann. Der Ansaugtrakt bleibt dabei im Bereich einer Luftblase, die ihn trocken hält, es sei denn der Fahrer nimmt das Gas weg. Dann heißt es Motorrad aus dem Wasser schieben, Zündkerzen und Luftfilter ausbauen und trocknen lassen. Macetown ist eine echte Ghost Town. Nur noch wenige Ruinen stehen, rostige Gerätschaften rotten vor sich hin.

Die Steigerung von Arrowtown heißt Queenstown. In der Action-Metropole Neuseelands erinnert fast nichts mehr an glorreiche Goldrauschzeiten. Dafür wird jetzt erheblich mehr Geld verdient als damals. Selbst drei Wochen Queenstown genügen nicht, um all die angebotenen Freizeitaktivitäten zu nutzen. Die verrücktesten käuflichen Thriller, Bungy und Jetboating, nahmen hier ihren Anfang und machten Queenstown und damit Neuseeland weltberühmt.

Bungy hat indirekt schon wieder etwas mit dem Goldrausch zu tun. Die berühmten, dicken Gummiseile werden auf zwei Brücken aus der Digger-Zeit, der Kawaru

NATUR PUR: KLEINE BERGSTRASSE AUF DEM WEG ZUM CORONET PEAK

und der Skippers Bridge, an den Fesseln von Sprungwilligen befestigt.

Schon die Erwähnung des Wortes Bungy öffnet die Schweißdrüsen der Handflächen. Selbstmörder auf Zeit. Suizidus interruptus. Menschen-Jojo, sagen die einen. Praktizierte Angstüberwindung die anderen.

A.J. Hackett, der neuseeländische Bungy-Pionier erkannte diese Herausforderung 1986, als er ein Video des Gefahrensport-Clubs der Oxford-Universität sah. Eine Gruppe Studenten war mit Gummiseilen an den Füßen in die Tiefe gesprungen, um eine moderne Version der Mannbarkeitsriten südpazifischer Eingeborener der Neuen Hebriden vorzuführen. Ursprünglich springen dort junge Männer als Mutprobe mit Lianen an den Füßen von hohen Bäumen.

Hackett sah als erster die kommerzielle Potenz dieser verrückten Sportart. Er ließ die entsprechenden Gummiseile entwickeln, ausprobieren und wagte selbst einige Weltrekordsprünge. Unter anderem aus einer französischen Seilbahngondel mit Eintauchen im Tiefschnee und aus einem fliegenden Hubschrauber. Sein berühmtester Sprung, vom Eiffelturm in Paris, ließ ihn vorübergehend hinter Gittern verschwinden, brachte ihm aber eine mächtige, weltweite Publicity ein.

Seither hat das Initial-»A« seines Vornamens die stilisierte Form des Eiffelturms, und der Gummiseil-Guru betreibt nicht nur in Neuseeland, sondern auch in Frankreich und Australien kommerzielle Bungy-Sprünge. Sein Sicherheitsstandard ist unübertroffen, die Angst vor dem Sprung bleibt. An der 43 Meter hohen Kawaru-Brücke,

SEENSWERT:

DER EFRISCHENDE LAKE WANAKA,

ZWISCHEN QUEENSTOWN UND

DER WESTKÜSTE DER SÜDINSEL

TYPISCHES KIWI-TRIO: SCHAF-FARMER MIT EYE-DOG AUF FOUR-WHEELER

die direkt an der Hauptstraße nach Queenstown steht, scharen sich täglich Hunderte von neugierigen Zuschauern, aber auch Dutzende von Thrill-Suchern.

Die Skippersbrücke liegt im gleichnamigen Canyon und ist nur auf einer spektakulären Bergpiste – ein Muß für Endurofahrer – oder per Hubschrauber zu erreichen. Der Sprung von der 1906 erbauten Brücke Richtung Shotover River ist der höchste in Neuseeland: 71 Meter.

Während unterhalb der Kawaru-Brücke ein Schlauchboot jene aufnimmt, die sich getraut haben, bietet die Hackett-Mannschaft auf dem Shotover River noch einen Nervenkitzel. Ein Jetboot wartet mit Achtzylinder und 500 PS auf den adrenalingepuschten Springer. Jet-Boating – der zweite, große Queenstown-Thriller, der wie Bungy hier seine kommerzielle Perfektion fand.

In den 50er Jahren wollte der Neuseeländer Bill Hamilton unbedingt ein motorgetriebenes Boot haben, das flußaufwärts über die Stromschnellen fahren konnte. Viele Experimente später kam schließlich eine Konstruktion zustande, die mittels einer Pumpe im Bootsheck Wasser ansaugte und wieder ausstieß. Das machte den Außenbord-Motor überflüssig, und Hamilton konnte bereits 1953 in zehn Zentimeter tiefem Wasser stromaufwärts tuckern. Das Jetboot war erfunden.

Die modernen Nachfahren saugen jede Sekunde rund 380 Liter Wasser an, stoßen es wieder aus und erreichen Geschwindigkeiten bis zu 80 km/h. Der Erfinder ist nicht vergessen, er hat im Jetboat-Vokabular einen festen Platz gefunden: die bei Vollgas auf dem Wasser praktizierten 180-Grad-Wendungen heißen schlicht Hamilton-Turns.

FARMLAND: MIT GENEHMIGUNG DER BESITZER AUF KLEINEN PISTEN UNTERWEGS

Nach so viel Action ist wieder Entspannung gefragt. Viel Ruhe und landschaftliche Schönheit, wie sie nur eine der abgelegensten und touristisch am wenigsten erschlossenen Gegenden bieten kann. Ein schmaler Landstreifen, eingezwängt zwischen den steil aufragenden Südalpen und der Tasman-See, immergrüner Regenwald mit exotischen Nadelbaumarten, Farnbäume, Kletterpflanzen – die Westküste der Südinsel. Die Straße ans Meer und der Küste entlang gehört ohne Übertreibung zu den schönsten Motorradstrecken der Welt. In Wanaka nimmt sie ihren Anfang. Wer von Queenstown die Variante über die Crown Range wählt, spart nicht nur Kilometer sondern erlebt noch eine zünftige Wellblechpiste und ein weiteres Überbleibsel aus goldigen Zeiten, das pittoreske Cardrona-Hotel.

Ab Wanaka kommen dann Straßenfahrer voll auf ihre Kosten. Nur wenige Kilometer am Haast Paß geht die unglaublich griffige Asphaltstraße noch einmal in losen Schotter über. Ansonsten ein Kurvenparadies, fast zu schön um wahr zu sein.

Am Wanaka-See gedeihen Palmen, und kurz darauf säumen riesige Punga-Farne die Straße, wachsen manchmal zu grünen Tunnels zusammen, kleine Lichtungen folgen, mit Cabbage Trees, einer neuseeländischen Yucca-Art.

Dann tauchen für einen kurzen Augenblick die schneebedeckten Südalpen wieder am Horizont auf. Wasserfälle rauschen nur wenige Meter neben der Fahrbahn aus moosüberwucherten Felsen.

In Haast Junction ist das Meer erreicht, die glasklare, türkisfarbene Tasmanische See. Kilometerlange, einsame

Schottland, oder was?

Die »Kleine Welt«

Neuseeland wechselt ständig

das Landschaftsthema

KIWI-STYLE: EIN AUFGESÄGTER FORD DIENT ALS KARNICKEL-JAGDWAGEN

Sandstrände, menschenleere Buchten, mal schlängelt sich die Straße hoch oben durch die Felsen, dann verläuft sie wieder fast in Meereshöhe. Auf und ab, rechts und links. Ein Fahrgenuß, der nie aufhören soll und es auch nicht tut. Jedenfalls nicht so schnell. Und wenn das Grün des Dschungels und das Blau des Meeres schließlich doch der sinnlichen Wahrnehmung entgleiten, löst sie ein weiterer landschaftlicher Superlativ ab. Mitten im Regenwald bleckt plötzlich der mächtige Fox-Gletscher seine weiße Zunge Richtung Ozean.

In Fox, dem Ort zum Gletscher, betreibt Phil einen Hubschrauber-Service. »Früher«, so erzählt er »früher, da haben wir vom Helikopter aus Wild in den Bergen gejagt und das Fleisch verkauft, jetzt gibt es überall Wildfarmen, und wir haben uns auf Flightseeing für Touristen spezialisiert.« Auf ganz spezielle Rundflüge, über Fox und Franz-Josef Gletscher und ganz nahe am höchsten Berg Neuseelands vorbei, dem 3764 Meter hohen Mount Cook. Bei klarem Wetter ein faszinierendes Naturerlebnis, das durch die Landung auf einem Schneefeld unterhalb des Bergriesen gekrönt wird.

Nördlich von Fox, vorbei am Franz-Josef-Gletscher folgt Fahrspaß ohne Ende, Kurve an Kurve, immer am Meer entlang. Der Asphalt ist griffig, erlaubt ordentliche Schräglagen. Die bekannteste Sehenswürdigkeit der Westküste übt dann fast einen Schock auf das nur Land-

DER VULKAN MACHT SICH FREI: MOUNT EGMONT FAST OHNE NEBELSCHLEIER

schaft gewohnte Auge aus. Zu viele Bustouristen bestaunen die aus Sedimentgestein herausgewitterten Felsen im Meer, die aussehen wie aufeinandergestapelte Pfannkuchen und natürlich auch so heißen: Pancake Rocks.

In der Nähe von Westport an der Einfahrt zur Buller Gorge veranstaltet Peter Jetboat-Trips. Alles läuft hier lockerer und geruhsamer ab als im perfekt organisierten Queenstown. An der Westküste ist genug Zeit für ein Schwätzchen, für Fragen nach woher und wohin. Für einen Tee. Ein alter, klappriger Bus bringt die Kunden zum Buller-Fluß, einem der wasserreichsten Neuseelands. Peter hält immer wieder an, öffnet und schließt morsche Viehgatter. Mit einem Traktor aus der Anfangszeit motorisierter Farmwirtschaft läßt er das am Ufer liegende Boot ins Wasser. Dem fehlt das leuchtende Rot der Queenstown-Armada, blaßgelb, ein bißchen angeschrammt, die Windschutzscheibe hat einen Sprung. Die Schwimmwesten sehen aus wie Restbestände der US-Armee nach dem japanischen Angriff auf Pearl Harbour.

Aber alles funktioniert, und Peter ist ein hervorragender Unterhalter. Eine Story nach der anderen gibt er zum Besten. Vor allem die Überschwemmungsgeschichte bleibt im Gedächtnis haften: Der Buller trat vor ein paar Jahren, wie so oft, kräftig über seine Ufer und flutete eine Schweinefarm. Von den 400 Säuen ertranken 399 in den trüben Wassermassen, eines rettete sich auf einen

PALMEN-OASE:
DIE UFERSTRASSE ENTLANG
DES LAKE PUKAKI LÄSST
KARIBIK-STIMMUNG AUFKOMMEN

Abenteuerlich: Die berühmte Piste durch den Skippers Canyon

NICHT OHNE MEINE ENDURO: DIE MASCHINE IST UNERSETZLICH

Baumstamm und surfte Dutzende von Kilometern bis zum offenen Meer. Touristen sichteten das Schwein, erschöpft, aber fröhlich quiekend am weißen Sandstrand.

Zu quieken fangen auch die Fahrgäste in Peters Boot an, wenn er richtig loslegt und im Zentimeterabstand an den Uferfelsen entlangrast oder einen Hamilton-Turn nach dem andern vorführt.

Wasser unter dem Bug gibt es dann wieder auf der Fähre von Picton nach Wellington, von der Süd- auf die Nordinsel. Die dreieinhalbstündige Überfahrt ist nur bei ruhiger See ein Genuß, eine Seltenheit in der rauhen Cook Strait.

Der südliche Teil der stärker besiedelten Nordinsel nervt mit dichtem Verkehr in und um die Hauptstadt Wellington.

Erst in der Nähe des Mount Egmont, einem schneebedeckten Vulkankegel, der verblüffende Ähnlichkeit mit dem japanischen Fujijama hat, wird es ruhiger. Richtige Einsamkeit bietet die »43« über den Whangamomona-Sattel durch eine grüne, mit weißen Schafen betupfte Hügellandschaft.

Früh übt sich: ohne Licht, aber mit Schafwoll-Handschuhen

An den Waitomo-Höhlen wartet wieder ein typisches Kiwi Style-Abenteuer: Black Water Rafting. Jeder Teilnehmer erhält einen aufgepumpten Lkw-Schlauch, einen antiken, muffig riechenden Neopren-Anzug, darüber bunte Wollhosen, einen abgeschabten Bauarbeiter-Schutzhelm samt aufmontierter, batteriebetriebener Lampe, dazu stark abgetragene Neoprensocken und Turnschuhe, die aussehen als wären Handgranten in ihnen explodiert. Derart professionell ausgestattet, wankt die multinationale Gruppe erlebnissuchender Touristen in das schwarze Eingangsloch einer dunklen, kühlen Tropfsteinhöhle. Die Augen passen sich der Finsternis an, Kopfscheinwerfer senden ihre trüben Lichtstrahlen aus. Zuerst geht es ein ganzes Stück zu Fuß, dann wird der Fluß tiefer, und die Gäste nehmen in ihren Gummireifen Platz. Das erste Hindernis, ein etwa ein Meter hoher Absatz, wird im Rückwärtssprung gemeistert. Tiefer in der Höhle fängt es verdächtig an zu rauschen. Die beiden Guides grinsen: »Ein Wasserfall, aber nur vier Meter hoch, einfach Schlauch an den Hintern pressen und in die Richtung springen, in die wir leuchten. Aber möglichst genau dorthin.«

ECHT SCHAF: 50 MILLIONEN BEVÖLKERN DEN STAAT AM ENDE DER WELT

Nach dieser Hürde ist es geschafft. Die Teilnehmer haken sich an den Füßen ein, schalten die Kopflampen aus und gleiten durch die von Glühwürmchen-Kolonien erleuchtete Höhle. Das Ganze wirkt wie der Sternenhimmel in einer klaren und verdammt kalten Wüstennacht.

Die schönste Motorradstrecke der Nordinsel führt zwischen Koromandel und Thames am Pazifik entlang. Unberührte Natur, vorbei an den riesigen Kauri-Bäumen, die den amerikanischen Sequoias sehr ähnlich sind. Wer das Glück hat, die Straße im Dezember zu befahren, kann die dann feuerrot blühenden Pohutukawas bestaunen, die neuseeländischen Weihnachtsbäume. Menschenleere Strände und Buchten mit klarem Wasser laden zum Baden ein. Am Hotwater Beach erhitzt vulkanische Aktivität im Untergrund den Sand. Wer bei Ebbe ein Loch in den Strand gräbt, kann sich in einen Pool warmen Wassers setzen.

Nach dem Baden ist es Zeit für den Fünfuhr-Tee. Der Colenso Orchard, ein idyllischer Kräutergarten, ist für seinen Devonshire Tea berühmt. Vögel zwitschern, die Sonne scheint. Ein Schluck Tee. Neuseeland läuft noch einmal vor dem geistigen Auge ab.

BUDDHA FAHRT

DREI MONATE ZEIT, ZWEI ENDUROS UND EIN ZIEL: DAS GOLDENE DREIECK. GRENZPROBLEME, BEHÖRDENÄRGER UND GRANDIOSE NATURLANDSCHAFTEN WAREN DIE BEGLEITER AUF DER 11000 KILOMETER LANGEN REISE DURCH SÜDOST-ASIEN.

Morscher Übergang
in Südthailand: Augen zu,
Gas auf und ganz
schnell drüber fahren

Fünf-Minuten-Terrine:

Ein Mann vom Stamm der

Meo kocht sein Süppchen

überm offenen Feuer

GRATWANDERUNG:

ENDLOSE, STAUBIGE PISTEN

SCHLÄNGELN SICH AN DER

THAILÄNDISCH-BURMESISCHEN

GRENZE ENTLANG

Prachtvoll: die Ubudiah-Moschee im malaysischen Kuala Kangsar ist die schönste in Asien

Mit Fingern und Stäbchen: Meo-Mädchen beim Suppe löffeln

Die Luftfracht-Lagerhalle auf dem Flughafengelände von Singapur birgt eine Überraschung: Zwei brombeerfarbene BMW R 100 GS stehen fest verzurrt und durch eine transparente Plastikfolie geschützt auf einer Palette.

Es sind unsere Maschinen, die wir vor zwei Tagen zum Stuttgarter Flughafen gefahren haben. Fly and Ride scheint also zu funktionieren.

Wir befreien die lila Kühe von ihren Fesseln, erregen dabei ein nicht unerhebliches Aufsehen. Dutzende von Arbeitern, Agenten und Frachtex- sowie -importeuren stehen um uns herum und bewundern die landesunüblichen Fortbewegungsmittel. Die Boxer starten zögerlich, schütteln sich ein bißchen, saugen das erste Mal in ihrem Leben asiatische Luft.

Wir fahren zur Zollkontrolle. Eine reine Formsache – nehmen wir an. Internationale Zulassung und Führerschein haben wir zur Hand, doch die Zöllner wollen noch mehr. Wo unsere Bescheinigung darüber ist, daß wir die in Singapur übliche Straßensteuer, die Roadtax, bezahlt haben? Und die für Singapur unentbehrliche Haftpflichtversicherung, wo ist die?

Alles Lamentieren hilft nichts. Zurück in die Lagerhalle. Auf der langen Taxifahrt zurück in die City von Singapur legt sich unser Ärger allmählich. Wir müssen morgen nur zum lokalen Automobilclub, der ab und zu Ausländer versichern soll.

Der Chef des Clubs, den wir nur zwei Stunden suchen und in einem kleinen Büro finden, lacht sich halb tot über die Antwort, die wir ihm auf die Frage: Wie lange

MALAYSISCHES TOPCASE: DAS VERRÜCKTE HUHN IST WIEDER DA

möchten Sie denn versichert sein? geben. Wir wollen uns nur zwei Stunden, knapp zwei Stunden, mit den Motorrädern in Singapur aufhalten und dann augenblicklich, also sofort, nach Malaysia einreisen.

Eine Stunde später ist es geschafft. Wir halten zwei Policen in Händen, gültig für zwei Wochen, die in Singapur vorgeschriebene Mindestversicherungsdauer. Kosten: 75 Singapur-Dollar pro Nase. Dafür entfällt die Straßensteuer, die gilt nur für Bürger von Singapur. Ein Taxi zum Flughafen ist relativ schnell gefunden. Dann läuft alles wie am ersten Tag. Lagerhalle. Alle gucken. Fahrt zum Zoll. Plötzlich interessiert sich keiner mehr für die mühsam erworbenen Versicherungspolicen. Dafür aber für unser Carnet de Passage, jenes Grenzpassierscheinheft, das laut Auskunft des ADAC in München weder für Singapur noch für Malaysia, Thailand oder Indonesien vorgeschrieben ist.

Ohne Carnet müßten wir ersatzweise je 1500 US-Dollar Einfuhrzoll zahlen, die wir allerdings bei der Ausreise nicht mehr zurückbekommen könnten. Zuviel Organisationsaufwand. Oder wir müßten im Flugplatz einen Agenten auftreiben, der uns ein sogenanntes Trans-Shipment-Permit ausstellt, das zum umgehenden Transit durch Singapur berechtigt.

Wir finden einen Agenten, dieser jedoch keine Möglichkeit das Dokument auszustellen, da sein Computerprogramm nur auf Luft- und Seetransport reagiert, nicht jedoch auf Eigentransport über die Straße. Das läßt sich nur ohne Computer, quasi per Hand, im World Trade Center in Singapur-City erledigen.

RUHE VOR DEM STURM: SCHNEEWEISSER BUDDHA THRONT ÜBER DEM HOCHLAND

Der Taxifahrer, mittlerweile ein recht guter Bekannter von uns, wartet bereits hinter dem Zollbereich. Am nächsten Morgen im World Trade Center, Zollabteilung. Ein Inder erklärt uns, daß es seit kurzem keine handgeschriebenen Trans-Shipment-Permits mehr geben darf. Wir fragen nach dem Zollchef, der sich als gutaussehende Frau entpuppt. Wir reden wie die Wasserfälle. Von den Schönheiten Singapurs, dem Fleiß seiner Bewohner, dem Ansehen des Stadtstaates in der Welt, seinen vorbildlichen Gesetzen, seiner Vorbildfunktion für ganz Asien. Dann reicht es. Die Dame lächelt und setzt hier und da ihr Kürzel auf unseren mittlerweile beträchtlich angeschwollenen Papierwust.

Zurück im Flughafen wandelt sich unsere soziale Stellung beträchtlich, von ausländischen Bittstellern zu Günstlingen der Zoll-Chefin. Und das in nur zwei Tagen.

Laut knallen Stempel auf Papier, und ein Agent begleitet uns mit dem Auto bis zur Grenze nach Malaysia. Er verschwindet im Abfertigungsgebäude, um schnell die endgültigen Ausreisestempel zu besorgen. Nach einer Stunde kommt er in Begleitung eines Zöllners zurück. Dieser möchte nur eben unsere Exportbescheinigung sehen, wir hätten die Maschinen doch offiziell nach Singapur eingeführt, müßten also jetzt eine Export-Erlaubnis beantragen. Jetzt reicht es. Asiatische Höflichkeit hin oder her. Ich ziehe einen 20-Dollar-Schein aus der Tasche und halte ihn dem Uniformierten unter die Nase. Hier, die Export-Erlaubnis.

Wenn in Malaysia das gleiche Theater beginnt, fliegen wir heim. Abgemacht. Der malaysische Beamte sieht uns antuckern und formt seine Finger zum Victory-Zeichen,

Gut geschminkt: Schauspieler eines Strassentheaters in Malakka

fragt, wie lange wir in Malaysia bleiben wollen, stempelt die geplanten drei Monate in den Paß, wünscht uns viel Spaß und winkt uns durch.

Endlich fahren, ein unglaubliches Gefühl. Wir spüren die feuchte Hitze des tropischen Nachmittags. Ein Chinese betrachtet die beiden Maschinen, interessiert sich vor allem für die Nummernschilder, genauer gesagt für das von Elkes Maschine:»S – EL 8«. »Eight is Chinese lucky numbel«, klopft er Elke auf die Schulter. »Acht«, die chinesische Glücksnummer. Und was ist mit meinem »S – DL 5«? »Five not so happy«, sagt der Chinese mit ernstem Gesicht. Verdammter Aberglaube.

Nachdem wir die ersten Reiseschecks getauscht haben, wollen wir schnell aus der hektischen Grenzstadt Johor Baharu verschwinden. 42 Kilometer nördlich, in Kota Tinggi, zweigt eine kleine Straße ab zu einem Hill Resort, dem malaysischen Pendant unserer Luftkurorte, verrät die Landkarte.

Wir kuppeln, bremsen und geben Gas wie Automaten, haben das Gefühl, gar nicht wirklich Motorrad zu fahren – vor vier Tagen noch im naßkalten Deutschland und jetzt hier, übergangslos, in einem grünen, feuchten, 40 Grad heißen Dschungel. Was uns fehlt, ist das langsame Herantasten an das Reiseland, wie es die erfahren, die sich ihrem Ziel auf dem Landweg nähern.

Auch am nächsten Tag herrscht eher das Gefühl vor, eine Fernseh-Dokumentation über Malaysia zu betrachten, als real in einem fremden Land unterwegs zu sein. Eine riesige Echse kommt aus den Büschen, überquert langsam die Straße. Ein guter Film.

S
DL 5

Im grünen Bereich: durch
das dschungelbewachsene,
klimatisch angenehme
Hochland Malaysias

AUFGEBAHRT: TOTE MEO-FRAU IN IHREM HAUS IM BERGORT NONG HOI

Kurz darauf brechen einige dunkle Wolken auseinander, warme Wasserfälle ergießen sich aus einem schwarzen Himmel. Plötzlich Filmriß. Eines der Motorräder bleibt einfach stehen. Meines. Numbel five. Nummer fünf lebt nicht mehr. Mitten im Regenwald, auf einer kleinen Straße und kein verdammter Zündfunke mehr. Noch mehr Wolken ergießen ihren Inhalt auf die Szenerie.

»Weißt du noch, wie lange wir da eigentlich herumstanden?« sagt Elke, nachdem sie ihre Tasse mit dem köstlichen Hochland-Tee auf das dunkle Holztischchen gestellt hat. Wir sind in den Cameron Highlands. Ich streiche mir noch etwas Marmelade auf den backfrischen Scone, den typisch englischen Mini-Biskuitkuchen. »Nein, keine Ahnung wie lange wir da im Dschungel standen, aber irgendwann kam dieses Auto und hat mich ins nächste Dorf mitgenommen«.

Wir sind mittlerweile angekommen, riechen und schmecken Asien und jetzt gerade ein bißchen englische Kolonialvergangeheit in den Cameron Highlands. Afternoon Tea im grünen Dschungel, in über 2000 Metern Höhe. Die Temperaturen liegen bei angenehmen 24 Grad. Von dem kleinen Pub aus reicht der Blick über einen riesigen Golfplatz bis zur Straßenkreuzung mit der großen Turmuhr in der Mitte. Ein Stückchen England – mitten im Regenwald. Im Hintergrund schreien Gibbons, Brüllaffen, und schwingen sich von Liane zu Liane.

»Das Härteste war wirklich, als uns die aus München das falsche Teil geschickt haben«, unterbreche ich die Dschungelbuch-Lektüre. Der Killschalter ließ den Boxer

STEP BY STEP: NATURBELASSENES SPIELZEUG EINES MEO-JUNGEN

im Urwald sterben, erfuhren wir, nachdem die Maschine bei einem BMW-Autohändler in Johor Baharu zerlegt worden war. Statt mit einem Neuteil fuhren wir eben mit einem notdürftig gelöteten Killschalter weiter.

Wir verließen Kuala Lumpur Richtung Hochland. An einer Ampel sprudelte bei meiner BMW (zur Erinnerung Numbel five: not so lucky!) das Motoröl aus dem Ölfilterdeckel. Die Highlands ließen zum ersten Mal Urlaubsstimmung aufkommen. Endlich einmal weniger Verkehr als auf den völlig überlasteten Verbindungsstraßen, kleine kurvenreiche Strecken mit griffigem Asphalt und durch die Höhe erträgliche Temperaturen. In den Genting Highlands gibt es das einzige Spielcasino Malaysias, gleichzeitig das höchstgelegene in ganz Asien. Reiche Malaysier fliegen mit ihren Hubschraubern nach Feierabend oder am Wochenende aus dem stickig-heißen Kuala Lumpur in die prickelnd-frische Bergwelt zum Zocken. Nur wenige Kilometer von den klapprigen Bretterbuden der Orang-Aslis, der malayischen Ureinwohner, entfernt. Sie leben am Rande des Regenwaldes und des Existenzminimums.

Fraser's Hill Resort hat die interessanteste Anfahrtsstrecke. Die letzten acht Kilometer Kurven sind nur in Einbahnrichtung zu befahren. Jede Stunde wechselt die Fahrtrichtung. Eine Stunde auf-, die nächste abwärts. Zwei Schranken mit Wachposten verhindern eventuelle Geisterfahrten.

Wie grüner Samt legen sich riesige Tee-Plantagen über die gerodeten Regenwaldberge der Cameron Highlands. Der Tee, seit der englischen Kolonialzeit angebaut,

Traditionelles Elefantentreffen: Rüssel-Erlebnis im Hochland bei Chiang Mai

ZURÜCKHALTEND: EIN BRANDRODENDER WANDERFELDBAUER AM RIVER KWAI

schmeckt köstlich. Wir trinken die letzte Tasse, gehen dann in unser Resthouse zurück.

Nach einigen Tagen Erholung fahren wir wieder. Auf die Insel Penang. Deren Hauptstadt Georgetown wirkt auf den ersten Blick wie eine südeuropäische Kleinstadt. Viele alte Gebäude zeugen, wie schon in Malakka an der Westküste, von der portugiesischen Kolonialvergangenheit. Ausgezeichnete kleine Fischrestaurants laden zum Essen ein.

Von Penang wollen wir weiter nach Indonesien, genauer gesagt nach Medan, der Hauptstadt der Insel Sumatra. Das indonesische Fremdenverkehrsamt und die Botschaft in Frankfurt hatten uns versichert, daß es dabei keine Schwierigkeiten geben wird. Von Penang aus verkehre regelmäßig eine Nacht-Passagierfähre, die sogar über Erste-Klasse-Kabinen und Bordrestaurant verfügt. In Penang erfahren wir, daß die Fähre seit Jahren außer Betrieb ist und keine ausländischen Autos und Motorräder nach Indonesien einreisen dürfen. Wir probieren alles. Rennen tagelang zwischen den Botschaften hin und her. Erklären, daß wir bereits ein Rückflugticket haben, von Bali aus für uns und die Maschinen. Selbst Bestechen fruchtet hier nicht.

Also gut, dann fahren wir eben nach Thailand weiter. Auf der Straße nach Norden kommt uns das erste Motorrad entgegen. Ein englisches Pärchen auf einer Kawasaki Tengai, direkt aus Thailand, mit unangenehmen Nachrichten. »Ohne Carnet de Passage müßt ihr an der thailändischen Grenze den Maschinenwert in bar hinterlegen, um reinzukommen.« Das klingt erschreckend vertraut.

AFFENSTARK: SCHWEINESCHWÄNZIGE MAKAKEN ALS KOKOSNUSSPFLÜCKER

Der kleinste Grenzübergang zwischen Malaysia und Thailand liegt im dschungelbewachsenen Bergland, in der Nähe der thailändischen Stadt Betong. Wenn überhaupt, dann klappt das hier mit der Einreise. Am malaysischen Zoll bekommen wir unsere Ausreisestempel. Wir fahren über eine enge Straße durch Niemandsland. Dann der Schlagbaum, ein großer Grenzstein mit den Umrissen Thailands. Wir stellen die Maschinen ab. Ich laufe direkt auf einen der Uniformierten zu, begrüße ihn mit Handschlag. »Welcome to Thailand«, sagt er.

Damit wäre die erste Hürde gepackt, unsere beiden BMW rollen auf siamesischen Boden, dem Immigration-Haus entgegen, der Entscheidung. Wir fahren auf den Vorplatz, haben uns bereits auf die alte Methode verständigt: Die grimmig dreinschauenden Zöllner bekommen, ob sie nun wollen oder nicht, die Hände geschüttelt und ihre Schultern geklopft. Niemals Hektik zeigen, ruhig bleiben und das eigentliche Anliegen, die Einreise nach Thailand, einfach nicht erwähnen.

Die Unterhaltung in gebrochenem Englisch funktioniert prächtig. Wir reden über Deutschland, Thailand, natürlich auch über die Motorräder. Eine Runde Probesitzen auf den BMW lockert das Gespräch weiter auf. Immer wieder betonen wir, wie schön es sei, endlich in Thailand zu sein.

Die Zöllner lassen uns Bananen und Mineralwasser bringen, einer will sein Mittagessen mit uns teilen. Schließlich fotografiere ich die beiden Oberzöllner vor ihren Schreibtischen, Elke mitten drin.

Plötzlich schneidet die Stimme eines anderen Uniformierten in die friedvolle Ausgelassenheit: »Carnet de

Verkehrsdicht:

In den grösseren Städten

Malaysias ist

wirklich die Hölle los

SUZUKI
S
DL 5

Giraffen-Frauen: Im nordthailändischen Hochland leben Long Necks

passage.« Wie schmerzhaft doch Worte sein können, wenn sie in einem unpassenden Moment kommen. Wir reißen uns zusammen, lachen unbekümmert und schütteln die Köpfe.

Kurzer Wortwechsel auf Thailändisch. Unsere Zöllner lachen auch. »No problem«. Dann fragen sie, wo wir nach zwei Monaten wieder aus Thailand ausreisen möchten. Wir wissen, daß nur dort ausgereist werden darf, wo auch die Einreise erfolgt ist, also genau hier. Trotzdem sagen wir: »Bangkok, und zwar per Flugzeug.« »No problem.« Nachdem Elke und ich je sieben Formulare in thailändischer Sprache unterschrieben haben, verlassen wir den Ort der Gastlichkeit.

Ganz im Süden Thailands leben, genau wie in Malaysia, hauptsächlich Moslems. Deren Dörfer unterscheiden sich von den Thaidörfern weiter oben im Norden dadurch, daß die Einwohner, wann immer wir in einen Ort einfahren, Elke einfach ignorieren, sich zu Dutzenden nur um mein Motorrad scharen und ausschließlich mich ausfragen. Noch lästiger sind die Gesprächsthemen. Ein junger Mann mit fanatisch funkelnden Augen spricht als einziger ein bißchen Englisch: »Hitler good, Saddam good. Germany and Muslims good.« Schnell weg von hier.

Nur etwa 100 Kilometer weiter gewinnt Thailands Hauptreligion, der Buddhismus, die Oberhand. Besinnlich und friedlich wie die Menschen, die hier leben. Mönche, die in ihren orangefarbenen Kutten durch die Straßen wandeln, kleine Geisterhäuschen, in denen das Böse täglich mit Opfergaben besänftigt wird.

Im ersten Hotel auf thailändischem Boden wollen wir uns, da von der langen Motorradfahrt auf schlechten Straßen reichlich ramponiert, eine landesübliche Entspannung gönnen: Ancient Massage. Die Literatur beschreibt zwei Massage-Arten in Thailand: zum einen »Ancient Massage«, die der Entspannung der Muskeln dient, und die »Body Massage«, die sich bevorzugt einem ganz bestimmten männlichen Körperteil widmet und für die Bangkok und Pattaya traurige Berühmtheit erlangt haben.

Wir interessieren uns für Variante eins. Der Hotelpage zeigt den Weg. Hinterhöfe, ein dunkler Treppenaufgang, ein komisches Gefühl. Rotes, düsteres Licht empfängt uns in einem verräucherten Raum, ein Kassettenrekorder plärrt thailändisch interpretierte, westliche Popsongs. Eine Handvoll Mädchen liegt am Boden herum.

»Scheiße, das ist Variante zwei«, flüstere ich Elke zu, die daraufhin einen Lachkrampf bekommt. Zwei der Mädchen führen uns in einen Nebenraum, ziehen den Vorhang zu und verschwinden wieder. Am Boden liegen Matratzen. Elke heult vor Lachen. Ich bin sprachlos. Die Mädchen kommen zurück, geben uns je zwei schlafanzugähnliche Bekleidungsstücke. Wir steigen in die Klamotten, legen uns hin. Die Massage beginnt.

Buddha sei Dank, Variante eins. Anderthalb Stunden kneten die Mädchen mit routinierten Händen strapazierte Muskeln weich. Schließlich stützt sich eine von ihnen mit den Händen an der niedrigen Holzdecke ab und trampelt auf Elkes Rücken herum. Jetzt bin ich mit Lachen an der Reihe.

Völlig entspannt wanken wir in die Stadt, bestellen Essen, indem wir auf unseren geöffneten Mund zeigen. Englisch versteht hier niemand. Zum wie immer stark gewürzten Schweinefleisch, es könnte auch Rind oder vielleicht…, jedenfalls zum Essen trinken wir thailändisches Singha-Bier, das ausschließlich in Einliterflaschen ausgeschenkt wird.

Südlich von Narathiwat sehen wir am nächstem Morgen unsere erste Buddha-Statue. In sich ruhend sitzt er da, goldglänzend in der Sonne, mit jenem unergründlichen, asiatischen Lächeln auf den Lippen. Er scheint nur uns zuzuwinken und uns Glück zu wünschen für die weitere Reise.

Die unterbrechen wir erst einmal für ein paar Tage. Sozusagen Urlaub im Urlaub. Von Don Sak mit der Morgenfähre nach Ko Samui, kokosnußpalmenbewachsene Ferieninsel Thailands. Trotz der Popularität und des touristischen Rummels ein Traum. Im Nordosten, am weißsandigen Chaweng Beach mieten wir eine Strohhütte mit Dusche und Casablanca-Quirl an der Decke. Zwei Minuten trennen uns vom glasklaren Meer. Bacardi-Feeling.

Ein geplanter Ausflug mit den Maschinen zur Nachbarinsel wird zum Reinfall und das im wahrsten Sinne des Wortes. Auf einem kaum motorradbreiten Steg fah-

SCHLACHT-BOSS: FLEISCHERARBEITEN WERDEN IM FREIEN ERLEDIGT

ren wir zu einem Mini-Boot, das etwa drei Meter unter uns vor sich hindümpelt. Lieber nicht.

Irgendwann haben wir den Müßiggang leid, genug von englischsprachigen Speisekarten, von Müsli-Joghurt und Cocktails, von Touristen, die ausschließlich Ko Samui besuchen und später behaupten, in Thailand gewesen zu sein, wir wollen wieder Straßenstaub, undefinierbares, scharfes Essen, Speisekarten mit Hieroglyphen und Ratten im Zimmer.

In Surat Thani bremst Elke plötzlich vor mir. »Hast du das gesehen?« – »Ne, was?« – »Na den Typ mit dem roten Bart und dem Affen auf dem Gepäckträger.« Tatsächlich, der Fahrradfahrer am Straßenrand hat einen rotorangefarbenen Bart und an einer langen Leine einen Affen als Sozius.

Der Mann deutet auf eine Kokospalme, zieht an der Schnur und zeigt dann auf den Affen: »School, school,

Nahrhaft: Tote erhalten auf dem Weg ins Jenseits Reiseproviant

Monkey-school«. Affenschule? Vage erinnere ich mich an einen Zeitschriften-Artikel über eine thailändische Affenschule, in der Primaten zu perfekten Kokosnuß-Pflückern ausgebildet werden. Rotbart erklärt den Weg mit Händen und Füßen. Sein Affe zeigt die scharfen Zähne. Aggressives Biest.

Somphon Khow ist 50 Jahre alt, stammt von einem chinesischen Vater und einer thailändischen Mutter ab und übt das Amt des Rektors der Affenschule aus. Durch ständigen Kontakt mit Touristen liegt sein Wortschatz deutlich über dem »Hello Mister«-Niveau seiner Landsleute. So haben wir kaum Schwierigkeiten, seiner Vorführung zu folgen.

Zur Ausbildung eignet sich, so erfahren wir, nur ein ganz bestimmter Affentyp: der besonders lernfähige, schweineschwänzige Makake, der in Südthailand etwa so häufig zu sehen ist wie bei uns Tauben auf dem Marktplatz. Also reichlich Schüler-Potential. Aber nur wenig Ausbildungsplätze. Somphon lehrt immer nur fünf Schülern gleichzeitig die Kunst des Pflückens. Die Aspiranten sind ausschießlich männlichen Geschlechts, sie erreichen doppelte Weibchengröße und haben stärkere Zähne.

Im zarten Alter von acht Monaten beginnt das Training, zuerst mit einer getrockneten Nuß auf einer Spindel, die der Jung-Affe nächtelang drehen muß. Nächte deshalb, weil sich Affen nachts besser konzentrieren können. Nach etwa fünf Monaten klettert der Affe bereits, auf Zug am langen Seil, in die Palmen. Etwa 500 Mark kostet er dann, mehr als zehn Mal so viel wie vor dem Training. Streber holen mehr als 800 Nüsse pro Tag aus den Palmen. Durchschnittlich arbeiten die Affen 13 Jahre lang, das macht, bei Rentenbeginn, etwa zwei Millionen gepflückte Kokosnüsse. Affenstark.

Voller Ehrfurcht trinken wir in Kanchanaburi die Milch der beiden aufgeschlagenen Kokosnüsse, die es hier eisgekühlt am Straßenrand gibt.

Kanchanaburi liegt am River Kwai. Vier Kilometer entfernt überspannt die berühmt-berüchtigte Eisenbahn-Brücke den Fluß. Erbaut von alliierten Kriegsgefangenen und asiatischen Zwangsarbeitern. Japanische Ingenieure hatten die Bauzeit auf gut fünf Jahre geschätzt. Brutale Offiziere erzwangen die Fertigstellung innerhalb von 16 Monaten. Hitze, Moskitos und fehlende Nahrungsmittel forderten ihren Tribut: 16000 Alliierte und 100000 asiatische Zwangsarbeiter verreckten. Nur ein kleiner Teil der Bahnstrecke ist heute noch erhalten. Von Kanchanaburi aus zwei Stunden, über knarrende Holzgerüste und durch von Gefangenen in den Fels gehauene Nischen, bis Nam Tok. Hier ist Endstation für den Zug.

Nicht für uns. Wir fahren mit den Motorrädern weiter Richtung Drei-Pagoden-Paß. In Sangkhla Buri endet die Teerstraße. Ein Schlagbaum versperrt den Weg. »Three Pagoda Pass?«, frage ich Polizisten, die den Kontrollpunkt bewachen. Sie deuten auf die sandige Piste hinter der Schranke: »About 20 kilometers.« Wir müssen uns und unsere Paßnummern in ein Buch eintragen.

Elke gibt Gas, verschwindet fast augenblicklich in einer gigantischen Wand aus Staub. Endlich Piste. Lunge und Luftfilter zuliebe halte ich Abstand. Immer wieder tauchen plötzlich Löcher mit feinem, weißen Puder vor den Vorderreifen auf.

Mit einem kräftigen Gasstoß befreien sich die Maschinen und lassen dabei den Staub förmlich explodieren. Unvermittelt lichtet sich der Sandnebel. Der Untergrund ist jetzt steinig. Drei kleine, weiße Pagoden reflektieren das Licht der Mittagssonne. Wir müssen in der Nähe der Grenze sein. Im verdorrten Gras liegen verrostete Eisenbahnschienen. Daneben steht eine Holzbude, vor der ein Soldat gelangweilt im Schatten sitzt.

Langsam tuckern wir mit den Enduros an einfachen Holzhäusern vorbei, halten an einer Kneipe. Ein Typ fragt uns in gutem Englisch, was wir trinken wollen, obwohl sich die englische Kommunikation in Thailand bisher auf »no have« und »same same« beschränkte. Er hat sogar Heineken-Bier im Sortiment, das erste Mal in Thailand. Wir schauen uns an. Thailand?

»Welcome to Burma«, sagt der Wirt fröhlich. Wir sind, verdammt nochmal, mit unseren Motorrädern in Burma gelandet, haben die Grenze in das für Individual-Touristen völlig abgeschottete, kommunistische Land überfahren.

Erst jetzt fallen uns die tarnfarbenen Kampfhosen des Wirts auf, der sich als burmesischer Nachrichten-Offizier vorstellt und den Laden nur nebenbei führt. Wir erfahren noch mehr. Das Militär hält nur diesen kleinen, aus der Luft versorgten Grenzort, das Befahren der Piste ins Landesinnere ist den Soldaten zu gefährlich. Im Hochland zwischen Thailand und Burma leben Karen, Mitglieder eines Bergstammes, der seit langem gegen das Militär-Regime in Rangun kämpft.

»You better go back to Thailand.« Er hat recht, wir kehren um, bevor irgendwelche Freiheitskämpfer oder Soldaten unsere Motorräder zu Kradmelderzwecken mißbrauchen.

Ab Mae Sot sieht die Strecke wieder aus wie aus dem Dschungelbuch. Wir gleiten durch sanfte Kurven und hören die schrillen Schreie der Gibbons, die sich von Baum zu Baum schwingen. Fahrer und Maschinen verschmelzen mit der Natur. Das ist der Augenblick, wo einfach alles stimmt, eine Symphonie in Grün.

PAARLAUF: MIT DEN ENDUROS ÜBER DIE BERGPISTEN DES HOCHLANDES

Eine Kurve später die Konfrontation mit der harten Realität: Ein gewaltiger Laster steht mitten auf der Straße, wir bremsen uns hart aus den Träumen, bleiben schleudernd stehen.

Der Lkw hat Holz geladen. Tropisches Edelholz. Teak. Seit Jahren ist das Roden von Regenwald in Thailand verboten, deshalb wird der teure Rohstoff für protzige Schrankwände aus Burma eingeschmuggelt. Ab und zu haben die Fahrer auch ein paar aus burmesischen Tempeln geklaute Statuen dabei. Antiquitäten, die oft für eine Flasche Whisky den Besitzer wechseln, um dann irgendwann in den teuren Souvenirläden Bangkoks aufzutauchen.

In Mae Hong Son diskutieren einige Teakholz-Schmuggler mit der Polizei. Ein paar hundert Baht, und alles läuft wie geschmiert. In der Stadt fallen uns Fotos und Postkarten auf, die Frauen zeigen, deren Hälse durch übereinander liegende Messingringe extrem in die Länge gezogen sind. Long Necks heißen sie hier: ein seltsames Schönheitsideal.

Mit etwa 12 Jahren bekommen die Mädchen die ersten Halsringe, entfernt man sie bei einer erwachsenen Frau, würde diese sofort sterben, da der Kopf keine Knochenverbindung mehr mit der Wirbelsäule hat.

Eine Bergpiste führt zu dem Dorf, in dem vierzehn Familien leben sollen. Der Weg ist anfangs breit und bei Trockenheit gut befahrbar. Den ersten Fluß müssen wir aufgrund seines gewundenen Bettes gleich dreimal überqueren. Später wird es richtig derb, tief verschlammte und steile Passagen. Elke taucht ab, verschwindet fluchend in einem dieser Schlammlöcher: »Der verdammte Stein hat mir das Vorderrad weggeschlagen.« Wir heben die Maschine wieder auf.

Ein letzter Steilhang, und wir sehen die ersten Hütten. Relativ neu, alle gleich groß. Ein Mann kommt auf uns zu, verlangt Geld. Eintrittsgeld, für hiesige Verhältnisse unverschämt hoch. Der Kassierer erzählt, die Familien hätten vor den Karen-Rebellen flüchten müssen und bräuchten das Geld zum Überleben.

Ein paar Tage später hören wir eine andere Version: Die Karen-Rebellen hätten alle Familien entführt, um sie in Thailand vorzuführen, den Erlös verwenden sie für Waffenkäufe, da der amerikanische CIA in letzter Zeit nicht mehr so zuverlässig liefert wie früher.

Zwei Tage später sind wir wieder in einer uns vertrauten Zivilisation. Chiang Mai, Hauptstadt von Nordthailand und nach Bangkok zweitgrößter Ort, bietet alles, was wir die Wochen zuvor vermißt haben, zugegeben, auch Cordon Bleu und Bier vom Faß. Ein Motor-Rikscha-Fahrer zeigt uns ein günstiges und sauberes Hotel am Stadtrand. Eine gute Ausgangsbasis, um einige Touren mit leichtem Gepäck in das umliegende Bergland zu machen.

David Unkovich ist Australier und lebt seit über zehn Jahren in Thailand. Der begeisterte Motorradfahrer ist mit einer Einheimischen verheiratet, spricht die Sprache perfekt und kennt sich verdammt gut auf den Pisten Nordthailands aus.

Wir starten früh am nächsten Morgen, zusammen mit David. Einen Meo-Bergstamm wollen wir besuchen. Immer wieder an brandgerodeten Hängen vorbei schneidet sich die Piste steil bergauf durch das grüne Dickicht. Ein paar Häuser tauchen auf, dann mehr, das Dorf. Kinder in rotschwarzen Trachten mit bunten Stickereien winken und schreien, einige rennen heulend weg.

An einem Bretterverschlag, gleichzeitig Dorfladen und Garküche, treffen wir Panom. Er ist Lehrer und spricht ein paar Brocken Englisch. So erfahren wir, daß der Ort Nong Hoi heißt und gerade eine Begräbniszeremonie beginnt.

Dichter Opiumrauch hängt in der Luft, als wir die Hütte betreten. Der halbdunkle Raum ist vom gleichmäßigen Schlagen einer Trommel, dem leiernden Sprechgesang eines alten Mannes und dem Geräusch eines seltsamen Instruments erfüllt, das so traurig klingt wie ein Dudelsack, dabei aussieht wie ein Bambus-Saxophon.

Sonnenstrahlen dringen nur durch einige Ritzen in den Holzwänden und Löchern im rostigen Wellblechdach in das Innere der geräumigen Hütte. Ein offenes Feuer brennt auf dem gestampften Lehmboden, läßt das Gesicht eines hockenden Opiumrauchers verzerrt, fast geisterhaft aufleuchten.

Der Bambus-Saxophonist tanzt im Kreis herum, wirbelt Staub auf, der in den Lichtbündeln sichtbar wird, die sich Speeren gleich in den Boden spießen. Dazu das ständige Tam-Tam der Trommel.

Wie lange sind wir schon da? Wie viele Gläser mit dem glasklaren Reis-Whisky haben wir schon getrunken? Wir starren gebannt auf das, was hier geschieht. Immer wieder treffen unsere Blicke auf die tote Frau, die auf einem Bambusgestell im hinteren Teil des Raumes liegt.

Ihr Gesicht ist eingefallen, wirkt dadurch wie das einer Siebzigjährigen. Sie trägt die gleiche Tracht wie die Frau, die vor ihr steht und mit einem Palmwedel Fliegen vertreibt. Der kleine Junge der Toten spielt mit den abgehackten Vorderbeinen einer geschlachteten Kuh.

Zwei Tage dauern Gesang und Musik. Ohne Unterbrechung. Die Männer lösen sich alle zwei Stunden ab, erzählt Panom.

Elke steht auf und geht näher zu der toten Frau. Erschrocken kommt sie zurück. »Ich glaube, die hat eben ihre Augen bewegt.« Der alte Mann reicht mir die Opium-Wasserpfeife herüber, ich lehne dankend ab. Trotzdem, jetzt habe ich auch das Gefühl, daß die Tote gezwinkert hat.

Ganz ruhig. Selbstverständlich ist die Frau tot, das Flämmchen der Petroleumlampe, die auf ihrer Brust steht, flackert. Der Schein der Flamme spiegelt sich in den halbgeöffneten Augen. Dunkelheit, Opiumrauch und Reis-Whisky lassen die Illusion entstehen, als würden sie sich bewegen. »Laß' uns rausgehen«, schlage ich vor.

Nach 48 Stunden ist die Tote außerhalb des Dorfes an einem heiligen Ort aufgebahrt, zwischen der Piste und einem brandgerodeten Feld.

Die vom Witwer entsprechend der Tradition geopferte Kuh wird vor Ort mit Beilen in Stücke gehauen. Männer werfen Fleisch mit verschiedenen Kräutern in einen großen Topf, dessen Inhalt über offenem Feuer gart.

Die Frauen kochen derweil riesige Mengen von Reis. Dann, endlich, ist das Festmahl fertig. Große, ledrige Blätter, die hektisch von den in der Umgebung wachsenden Büschen gerissen werden, dienen als Teller.

Der Leichenschmaus erfolgt in zwei Schichten, erst die Männer, dann Frauen und Kinder. Die Stimmung ist nicht gedrückt oder traurig, die Menschen wirken froh, ja irgendwie erleichtert. »Jetzt ist sie drüben«, übersetzt Panom für uns.

Wir verlassen den Ort der Gastlichkeit, verabschieden uns von David und fahren weiter nach Norden. Ab Fang macht uns die Piste schwer zu schaffen. Staub- und dann wieder Schlamm-Achterbahn. Steilabfahrten wechseln sich mit von der Regenzeit aufgeweichten, roten Lateritpisten ab.

Jetzt kann es nicht mehr weit sein bis zu der Stelle, wo der Ruak in den Mekong fließt und die politischen Grenzen von Thailand, Laos und Burma aufeinandertreffen, ein Dreieck bilden. Das Goldene Dreieck, dem Zielpunkt unserer Reise.

Nicht nur unser Ziel. Das Monument am Goldenen Dreieck erlebt gerade einen Touristen-Ansturm: Schlangestehen, um einen Blick durch die Sucher der Pocketkameras zu erhaschen. Das hektische Treiben zerstört unser Gefühl, es geschafft zu haben. Frustriert ziehen wir ab, suchen ein Bett für die Nacht.

Etwa zwei Kilometer weiter glauben wir zu träumen: Auf einem grünen Hügel thront, wie ein Märchentempel, ein wunderschönes Hotel. Wir fahren an den freundlich winkenden, uniformierten Wachposten vorbei, die Zufahrtsstraße entlang.

Portiers und Gepäckträger springen heraus, völlig fasziniert von den verdreckten Maschinen und deren Fahrern. Das Innere der riesigen, klimatisierten Hotelhalle ähnelt einem Volkskunde-Museum. Überall Antiquitäten: geschnitzte Buddhas, Holz-Elefanten, Bronze-Skulpturen. Die elegante Hotelchefin begrüßt uns mit einem eiskalten Drink.

Zwei Schweißtropfen perlen über Elkes Gesicht, ziehen tiefe Furchen in die Maske aus Staub. Sie grinst, will also auch, daß dieser Traum weitergeht. Nach einigem Handeln haben wir den ursprünglichen Preis von 300 Mark für das Zimmer auf 100 heruntergehandelt.

Beim Sonnenuntergang stehen wir auf dem Balkon, schauen direkt auf das Goldene Dreieck. Dezente Musik spielt im Hintergrund. Leise klirren die Cocktailschalen mit den eisgekühlten Daiquiris beim Anstoßen. »Auf die Reise!« »Ja, und auf die nächste!«

Enjoy
Coca-Cola
CRAVEN-A
30's
Rothmans
KING SIZE

SCHWARZ UND WEISS

Nach dem Ende der Apartheid und friedlichen, demokratischen Wahlen erlebt Südafrika einen wahren Boom. Kein Wunder. An seinem Südzipfel konzentriert der Kontinent alle seine Reize: Flüsse, Berge, Täler und Wüste – ein Paradies für Biker.

Ohne Zebrastreifen:
Giraffen-Kreuzung im
Manyeleti Private Game Reserve
neben dem Krüger-Park

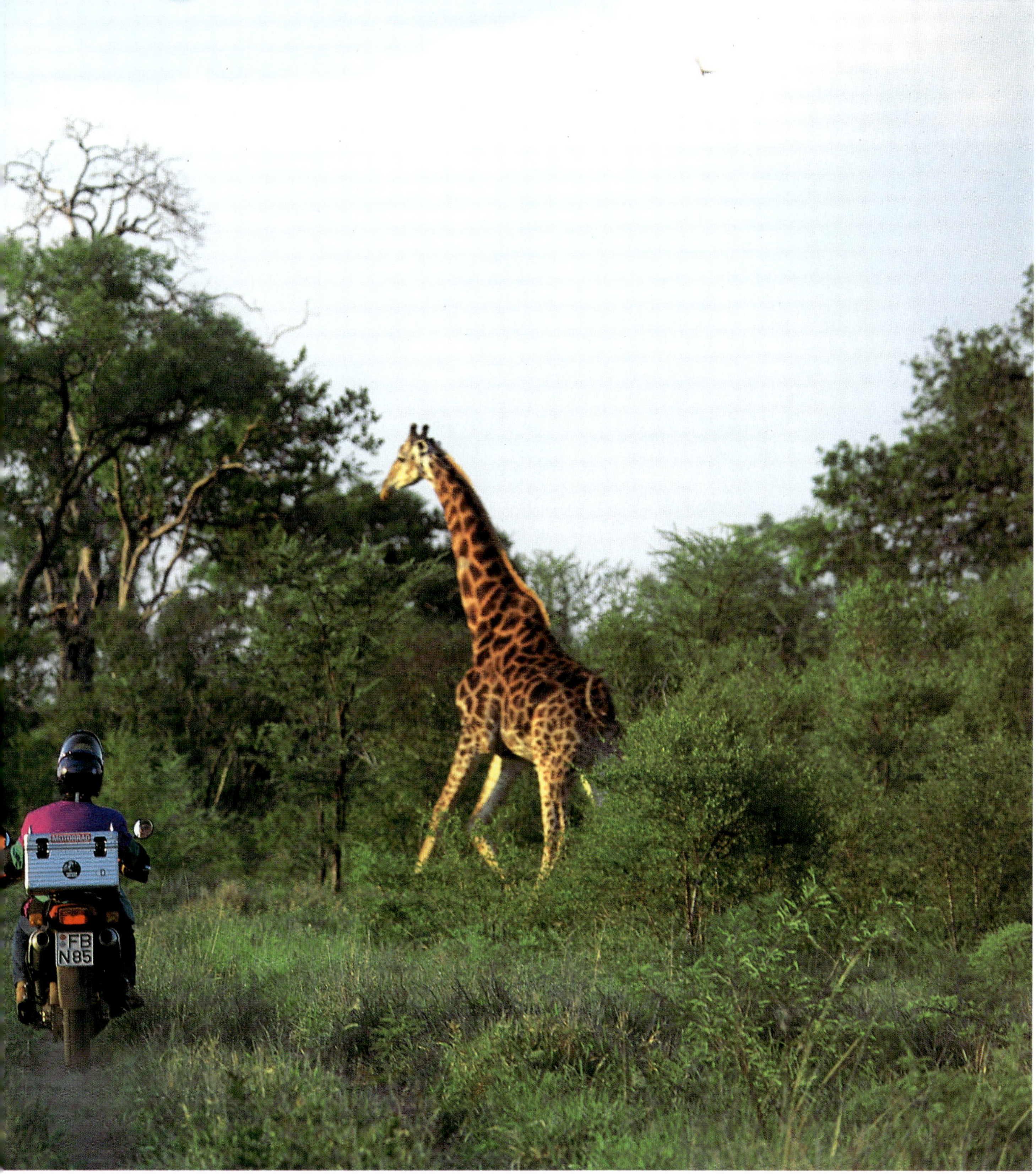
MOTORRAD
FB
N85

Erholsam: Spät-
nachmittags an Kapstadts
Waterfront sitzen,
ein Gläschen Wein trinken
und den Hafen beobachten

SEA
CARRIE

HEISSE KURVE: NACH EINEM KLEINEN BUSCHBRAND AM BAINS KLOOF-PASS BEGINNT SICH DIE NATUR SCHON WIEDER ZU ERHOLEN

Fruchtbar grün:
unterwegs im Morgenlicht
am Cathedral Peak,
mitten in den Drakensbergen

Dschungelbuch: Piste bei Magoebaskloof, im Nord-Transvaal

Noch am Anfang des 20. Jahrhunderts mußten Menschen aus Europa eine gefährliche, mehrere Monate dauernde Schiffspassage auf sich nehmen, um an das Kap der Guten Hoffnung zu gelangen. Mit Ochsenwagen zogen sie später wochenlang durch das weite, unbekannte Land. Wir kommen im Jumbo. In unglaublichen neuneinhalb Stunden überwinden wir einen ganzen Kontinent, vom winterkalten Deutschland mitten in den afrikanischen Sommer. Und Ochsenwagen brauchen wir auch nicht, unsere beiden Motorräder fliegen einfach im Bauch des Jumbos mit.

Ein krasser Übergang. Kein Wunder, daß die ersten Tage wie ein Film abliefen. Wir hatten das Gefühl, besoffen Motorrad zu fahren. Unwirkliche, fast irreale Szenen: der burische Zöllner, der noch nie ein Carnet gesehen hat; Regen mit Temperaturen bis fünf Grad im Nord-Transvaal, obwohl ich Elke zu Hause davon überzeugt hatte, weder Winter- noch Regenklamotten einzupacken, weil es in Südafrika immer heiß sei, der Affe, der bei Tzaneen durchs offene Fenster in unser Hotelzimmer einstieg, sich einen Apfel klaute und wieder verschwand. Jetzt erst, nach einer Woche, mit einem Rotweinglas in der Hand und der tierischen Geräuschkulisse im Hintergrund kommen wir in Afrika an.

Elliot hebt seinen Arm. Der dunkelgrüne Toyota Landcruiser mit nach vorn geklappter Windschutzscheibe hält an. Park-Ranger Wayne in klassisch-olivfarbenen Khaki-Shorts und grünem Safarihemd nimmt das Gewehr aus der Halterung und läßt sich aus dem Fahrersitz gleiten. Der schwarze Shangaan-Spurensucher springt von sei-

Flüssiges für Fahrer und Maschinen: Stop in den Strydpoortbergen

WEHRHAFT: BURISCHE FARMERSFRAUEN AN DER GRENZE ZU LESOTHO

nem kleinen Spähsitz, der auf dem vorderen linken Kotflügel des Geländewagens montiert ist und zeigt auf den gewaltigen Abdruck im roten Sandboden. »Lion Tracks« – »Löwenspuren«. »Wir gehen zu Fuß weiter, bleibt dicht zusammen und nicht reden«, sagt Wayne, und die kleine Gruppe folgt ihm: Elliot, hinter ihm ein Biologiestudent aus Südafrika, der in Texas studiert, seine Schwester, seine Mutter und ein deutsches Pärchen – Elke und ich.

Im Gänsemarsch marschieren wir auf eine felsige Anhöhe zu, nervös registrieren wir jedes Rascheln im Gebüsch. Nachmittagshitze läßt die Luft flimmern. Das Konzert der Zikaden ebbt kurz ab, schwillt, nachdem wir vorbei sind, wieder an. Elliot flüstert Wayne etwas in seinem Shangaan-Dialekt zu, vor uns bewegen sich ein paar Büsche, blitzschnell entsichert der Ranger das Gewehr. Nur Sekundenbruchteile sehen wir die Löwengruppe, die sich in etwa 20 Metern Entfernung aus dem Staub macht.

Auf dem Rückweg lernen wir das Spezialgebiet des Biologen näher kennen. Er stochert in einem gewaltigen Haufen Rhinozeros-Mist herum, um Pillendreher und andere Käfer aufzustöbern, die er dann in den Taschen seiner Shorts verschwinden läßt. Jedem das Seine.

Wir hatten uns beispielsweise in den Kopf gesetzt, unsere beiden Maschinen überall hin mitzunehmen. Doch motorgetriebene Zweiräder sind aus Sicherheitsgründen in allen afrikanischen Parks tabu. Als wir in der Nähe des Orpen-Gate, am westlichen Rand des Krüger-Parks, ankamen, regnete es in Strömen. Ein Landrover, mit dem

In Reih und Glied: ehemalige Missionsstadt Elim

wir uns über eine Telefon-Funkverbindung vorher verständigt hatten, stand bereit, um uns in das mitten im Reservat gelegene Khoka Moya Trails Camp zu chauffieren. Nicht ohne die Motorräder, erklärten wir dem Ranger und versuchten es mit Überreden: »Falls es gefährlich wird, fahren wir einfach ganz eng an den Landy ran, dann merkt kein Löwe, daß da noch Motorräder sind.« Endgültig überzeugt war er allerdings erst, als er den Schriftzug auf dem Triumph-Tank sah: »Tiger in Africa? That's brilliant.« Und schon verschwand er vierradgetrieben in einer Schlammfontäne. Bereits auf den ersten Metern der extrem rutschigen Lehmpiste hatten wir das Gefühl, daß es vielleicht doch einfacher gewesen wäre, die Böcke stehen zu lassen. Als vor uns ein Vieh mit riesigen, säbelartigen Hörnern über den Weg sprang, konnten wir gerade noch ausweichen. »Stell dir vor, das wär' ein Elefant gewesen«, brüllte ich Elke zu.

Das ist jetzt zwei Tage her. Mittlerweile hat es aufgehört zu regnen, und wir sind umgezogen nach Honeyguide, in das einzige Zeltcamp Südafrikas. Die komfortablen Biwaks haben je zwei Betten mit Moskitonetzen und eine Open air-Dusche sowie eine Toilette mit Sichtschutz. Zäune gibt es nicht. Ungefiltert dringen die Geräusche des Busches an unsere Ohren. Africa, live in concert.

Die abendliche Pirschfahrt krönen wir durch einen Sundowner, dem typischen Tagesausklang im südlichen Afrika. Man nehme einen offenen Landrover oder ein geländegängiges Motorrad, eine Eisbox mit Getränken und suche einen landschaftlich reizvollen Platz, was nicht be-

PFUNDIG: STRAUSSENEIER ENTSPRECHEN ETWA 24 HÜHNEREIERN

sonders schwerfällt. Dort angekommen, macht man es sich bequem und beobachtet, während der kühle Drink die ausgedorrte Kehle hinunterrinnt, wie die Sonne am Horizont verschwindet.

Das fantastische Farbenspiel am Himmel wird schnell durch ein kristallklares Sternenfirmament abgelöst.

Zeit für die nächtliche Pirschfahrt unter dem Kreuz des Südens. Der schwarze Tracker leuchtet mit einem Spotlight in den Busch, die Augen des Rangers folgen dem Lichtstrahl, tasten das Gelände ab wie ein Scanner, entdecken Löwen, Gazellen, Hyänen und eine afrikanische Wildkatze, lange bevor wir etwas erkennen können. Plötzlich bremst er ab, fährt drei Meter zurück und ein Stückchen nach links, greift in einen Busch und hat ein etwa streichholzgroßes Chamäleon auf dem Finger.

Der Geruch des über offenem Holzfeuer gegrillten Antilopenfleisches hängt bereits verführerisch in der noch immer warmen Abendluft. Doch erst gegen zehn Uhr werden uns wieder dumpfe Trommelschläge signalisieren, daß das gemeinsame Nachtmahl unter freiem Himmel angerichtet ist. Durch die Spähfahrten verschieben sich die Essenszeiten im Busch. Da wir schon um fünf Uhr morgens zur ersten Ausfahrt aus dem Bett getrommelt wurden, wollen wir uns noch eine Stunde aufs Ohr legen.

Wir kriechen unter die Moskitonetze. Ein schwacher Luftzug weht durch das Zelt. Frösche und Zikaden versuchen sich gegenseitig zu überstimmen. Die grüne Moskitospirale glimmt vor sich hin, ihre weihrauchähnlich riechenden Schwaden breiten sich aus, sollen die kleinen Malariaüberträger fernhalten. Einige scheinbar rauchresi-

EIN HERZ FÜR RINDER: IN DER KAROO WERDEN STRAUSSE GESCHLACHTET

stente Exemplare scheitern protestierend summend an den zu engen Maschen des Mückennetzes. Plötzlich zerreißt ein markerschütterndes Brüllen die Idylle, so erschreckend nah, daß wir beide in unseren Betten stehen. »Mist, das sind Löwen.« Ich knipse die Taschenlampe an und leuchte durch das Netzfenster nach draußen, Dutzende von roten Augenpaaren starren in unsere Richtung. »Waaaaaayne, heeeelp, lions«, schreien wir in die Dunkelheit. Kurz danach ist der Ranger da, ohne Gewehr. »Das sind Büffel, keine Löwen, aber brüllen können die auch. Normalerweise kommen die nicht bis zu den Zelten.«

Nach dem Essen unter Sternen ist Zeit zum Geschichtenerzählen. Wahrscheinlich wird unsere Büffel-Story demnächst hier am Lagerfeuer zum besten gegeben. Heute sind erstmal die Taiwanesen dran. Zwei Männer aus einer chinesischen Reisegruppe verließen, trotz strengen Verbots, ihr Fahrzeug, um sich grinsend vor einer Löwenfamilie fotografieren zu lassen. »Das Foto haben die nie gesehen. Chinese Takeaway«, sagt Wayne, ohne eine Miene zu verziehen. Nur zweimal im Jahr verläßt er den Busch, um nach Johannesburg zu fahren. »Hier draußen brauchst du keinen Fernseher und keine Zeitung, Neuigkeiten erfahre ich von den Touristen, und solange Bush noch amerikanischer Präsident ist, kann eh nichts passieren.«

Wir nehmen eine Flasche Shiraz, einen dieser hervorragenden, südafrikanischen Rotweine, mit zu unserem Zelt, setzen uns davor und gucken in die Sterne, lassen Gedanken, wie die Satelliten über uns, kreisen.

Buschkonzert:

Im Honeyguide-Safari-Camp

sitzen Besucher

in der allerersten Reihe

Tiger

Eher neblig:
das goldene Tor im Golden
Gate National Park
empfängt uns mit einem
Tiefdruckgebiet

SÜDAFRIKA-RITUAL: SUNDOWNER – SONNENUNTERGANGSDRINK IM BUSCH

KUNST AUS ZIMBABWE: PHINEAS VERKAUFT SCHNITZEREIEN AM MEER

Und auch das Motorradfahren macht auf der Asphaltstraße wieder mehr Spaß. Elliot eskortiert uns mit dem Toyota zurück zum Parkeingang, und wir fahren nach Tagen wieder auf festem Untergrund. Das Asphaltband führt pfeilgerade auf die Drakensberge im Westen zu, die aufgehende Sonne wirft unsere Schatten voraus wie Giraffenhälse. Das Lowveld ähnelt einem riesigen zusammengeschobenen Teppich, die Straße folgt den Falten. Es ist schwül.

Nicht mehr lange. Durch den Strydon-Tunnel steigen wir auf in die kühlere Bergregion. Auf einer hervorragend ausgebauten, griffigen Teerstraße kurven wir nach oben zum Abel Erasmus-Paß. »Wunderblick« und »Gottes Fenster« heißen zwei der Aussichtspunkte, die den Blick vom Steilabbruch der Drakensberge nach unten in die Lowveld-Savanne ermöglichen – 1300 Meter Höhenunterschied. Die Namen übertreiben nicht, von hier oben läßt es sich weit über den Krüger-Park, fast bis Mozambique schauen.

An der Nahtstelle zwischen High- und Lowveld schneiden sich zahlreiche Wasserfälle in den Fels, bilden natürliche Pools, in denen es sich herrlich baden läßt. Die feuchten Luftmassen des Indischen Ozeans regnen sich hier ab und sorgen für eine üppige Baumvegetation. Oft hängt Nebel in den grünen Bergen, der den Regen- in einen Märchenwald verwandelt.

In Hazyview haben wir uns zwei Nächte einquartiert, um die Panoramaroute durch die Berge unter die Räder zu nehmen. Wieder ein Traum für Motorradfahrer. Pässe, Kurven und Täler wie aus dem Bilderbuch. Im histori-

Chapman's Peak Drive: Eine der schönsten Motorradstrassen der Welt

schen Goldgräberstädtchen Pilgram's Rest konzentrieren sich die einheimischen Weihnachtsurlauber, in Graskop ist wieder weniger los.

Der Long Tom-Paß ist der Höhepunkt, nicht nur die höchste, sondern auch die schönste Bergstraße des Tages. Wie auf einer Carrera-Kinderrennbahn liegen die Kurven vor uns, sie könnten kaum besser zusammengesteckt sein. Bis zum Abend geben wir einiges an Reifenrandprofil an die erstklassige Straße ab.

Auf dem Weg nach Süden herrscht dann Eintönigkeit vor – und Feuchtigkeit von oben. Ein Regengebiet holt uns ein. Wir flüchten über das Hochplateau des südlichen Transvaal und des Oranje Free State. Farmen, so weit das Auge reicht und immer wieder Windräder, die Wasser für Trockenzeiten aus dem Boden pumpen.

Erst die südlichen Drakensberge sorgen für Abwechslung. An der Grenze zu Lesotho ragt die gezackte Bergkette auf, die sich weit nach Süden zieht und tatsächlich aussieht wie der gewaltige Rücken eines Drachens. Die traditionellen Rondavels, die strohgedeckten Rundhütten der Zulus, stehen hier.

Unzählige Schotterwege führen Richtung Lesotho. Allein hier könnten wir unsere vier Wochen Urlaub verbringen. Immer eng an der Grenze zu Lesotho entlang umrunden wir den völlig von Südafrika eingeschlossenen, unabhängigen Staat. In Zastron erfahren wir, daß sich östlich von uns, ganz nahe an der Grenze, die höchste Paßstraße Südafrikas befindet: Naudesnek, 2500 Meter hoch. Eigentlich müßten wir ja in die entgegengesetzte Richtung weiter, aber »höchste Bergstraße« klingt ein-

GUTE AUSSICHTEN: ZUM KAP DER GUTEN HOFFNUNG FÜHRT EINE TRAUMSTRECKE

fach zu verführerisch. Ergebnis: 500 Kilometer Umweg, steile Pistenstücke, kinderkopfgroße Steine auf dem Weg und eine recht beeindruckende Aussicht.

Die in allen Reiseführern hochgelobte Garden Route am Indischen Ozean entlang ist dann weniger abenteuerlich, für Motorradfahrer viel zu gut ausgebaut. Lediglich einige Strecken, die parallel zu ihr verlaufen, verdienen das Prädikat »absolute Spitzenklasse«. Die 33 Kilometer durch dichte Regenwaldvegetation über den Bloukrans-Paß und Grootrivier-Paß hinunter ins Nature's Valley gehören ebenso dazu wie die 66 Kilometer lange Old Passes Road über den Phantom- und Homtini-Paß, zwischen Knysna und George. Erlebnis-Straßen aus der Anfangszeit automobiler Expansion: eng, kurvenreich und der natürlichen Topographie angepaßt.

Und nur 50 Kilometer weiter nördlich überrascht Südafrika bereits wieder mit einem völlig anderen Landschaftsbild. Südlich von Oudtshoorn beginnt die Kleine Karoo-Wüste. Die angenehme Meeresbrise des Indischen Ozeans ist vergessen, 45 Grad im Schatten, kein Lüftchen, karge Steppenvegetation. Hier liegt das Straußenzentrum der Welt. Zu Zehntausenden werden die riesigen, flugunfähigen Laufvögel auf den umliegenden Farmen gezüchtet. Leder, Fleisch, Eier und Federn der größten Vögel der Erde sind nach wie vor lohnenswerte Exportartikel.

Auf Werbetafeln buhlen einige Schau-Farmen um Touristen. Sogar reiten dürfen die Besucher dort auf dem Groß-Geflügel. Nichts für uns. Wir befolgen den Rat eines südafrikanischen Freundes. Erst erfahren wir den oft

Sanft gewellt:
das Hochland zwischen den Drakensbergen und dem Indischen Ozean birgt viele Buren-Farmen

PREMIERE: KAPSTADTS NELLIE BEKAM DIE ERSTEN ZWEIRAD-GÄSTE

als schönsten Bergübergang Südafrikas beschriebenen, ungeteerten Swartberg-Paß. In mit Natursteinmauern befestigten Kehren schlängelt er sich nach oben. Ein Meisterwerk der Straßenbaukunst aus dem letzten Jahrhundert. Der Paß leitet in die Große Karoo-Wüste über, wo wir aber nicht hin wollen. Wir genießen die Piste noch einmal in Gegenrichtung und fahren dann über Matjiesrivier und Kruisrivier nach Calitzdorp. Im Ort zweigt der knapp 20 Kilometer lange Holperweg zur Groenfontein-Farm ab. Wir kommen nur langsam voran, die Motortemperaturen steigen an, schließlich laufen die Ventilatoren auf Hochtouren.

Am Ende des Staubweges steht ein großes, weißes, viktorianisches Farmhaus im Schatten alter Bäume. Eljo und Jan Potgieter, die Besitzer, sind echte Afrikaaner. Sie gehören zu den Nachfahren jener Buren, die seit Beginn der Kolonisierung im 17. Jahrhundert das Land erschlossen haben. Jan züchtet Strauße. In seinem zweiradgetriebenen Isuzu-Pick up holpern wir quer über das riesige Farmgelände und erfahren viel Interessantes. Ein Straußenweibchen legt pro Tag ein Ei. Erst nach vierzehn Tagen, wenn also 14 Eier im Gelege sind, beginnt das Ausbrüten. Nimmt man nun täglich Eier weg, hört das Weibchen gar nicht auf zu legen. Und ein Straußenei entspricht immerhin 24 Hühnereiern.

Jan erzählt, daß in letzter Zeit häufiger Gelege gestohlen wurden, um die Eier illegal über die Grenze nach Namibia und dann weiter in andere Länder zu schaffen. In Texas soll es bereits kleinere Straußenkolonien geben. Am Abend sitzen wir mit Eljo und Jan auf ihrer großen Veranda und gucken in den Nachthimmel. »Hier haben wir den schönsten Sternenhimmel Südafrikas. Wann im-

HOCH-ZEIT: KAP DER GUTEN HOFFNUNG ERREICHT, TOUR ZU ENDE

mer irgendwo ein Komet auftauchen soll, kommen die Wissenschaftler hierher, um ihn sich anzusehen«, sagt Jan in seinem hart akzentuierten Englisch. Die Sprache der Buren ist nicht Englisch, sondern Afrikaans, klar und einfach, entstanden aus Holländisch, Deutsch und einigen Eingeborenen-Dialekten. Jan gießt einen Schluck Rotwein in sein Glas, riecht, schmeckt, wie er das seit 35 Jahren jeden Abend macht. Zufrieden lächelnd lehnt er sich zurück und lauscht dem Zikadenkonzert.

Wir fühlen uns wohl, müssen aber trotzdem weiter. Am südlichsten Punkt Afrikas, dem Kap L'Agulhas, bläst uns der Wind fast ins Meer. Immer weiter folgen wir den Konturen der buchtenreichen Küstenlinie bis Kapstadt, dem Endpunkt der Reise.

Die Stadt steigert noch einmal alles bisher Gesehene. Der Tafelberg mit der schneeweißen Wolkendecke, Devil's Tablecloth, des Teufels Tischdecke, genannt, weil der Nebel so plötzlich über den Berg kommt, daß er ab und zu Wanderer erwischt, die dann bei null Sicht abstürzen. Der Atlantik, der die Stadt von zwei Seiten umtost. Die Waterfront, das im alten Stil restaurierte, quirlige Hafengelände mit Pubs und Konzerten. Und natürlich Chapman's Peak Drive, die spektakuläre Küstenstrecke und schönste Straße auf der ganzen Tour, die von Kapstadt über Hout Bay zum Kap der Guten Hoffnung führt.

Wir sind gehetzt von einem unbarmherzigen Zeitplan, müssen am nächsten Tag die Motorräder zum Flughafen bringen und zurückfliegen. Eine letzte Flasche Rotwein am Hafen. Und da spüren wir sie auch, diese europäisch-kalifornisch-afrikanische Leichtigkeit Kapstadts. Plötzlich müssen wir gar nichts mehr. Nur den Flug umbuchen. Auf eine Woche später.

Yukon
The Magic and the Mystery...
FREE DISTRIBUTION
DIAMOND TOOTH GERTIES
DAWSON CITY, YUKON
ALASKA
AFRICAN OUTPOSTS
Moose Haven Lodge
ROXIE McGAHAN
Owner / Operator
SINGAPORE
STUBBS
VULCAN Hotel
St Bathans
Historic Gold Town
AIR MAIL
LUCKENBACH
EST. 1849
TEXAS
the ONE BOOK bookstore
Walter Swan
Author of "me 'n Henry"
SOUTH AFRICAN RESERVE BANK
SUID-AFRIKAANSE RESERWEBANK
TWENTY RAND
TWINTIG RAND
AJ7636811 B
AJ Hackett
BUNGY
THE PROFESSIONALS
KAWARAU
NEW ZEALAND

INFOS

Wenn die vorangegangenen Reportagen Ihr Fernweh geweckt haben, sollten Sie sich auch die folgenden Seiten zu Gemüte führen. Dort finden Sie alle wichtigen Tips für die Traum-Trips.

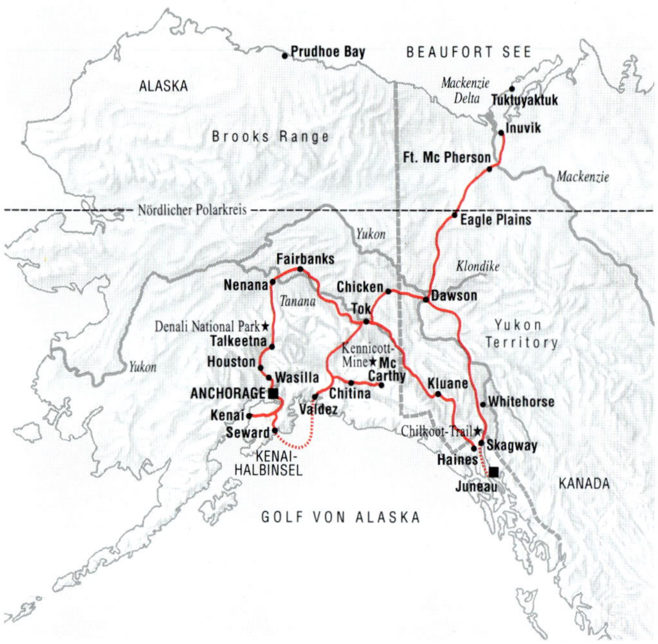

Im hohen Norden Amerikas bemerkt der Reisende, daß die Natur doch stärker ist als der Mensch. Riesige, unbewohnte Areale, ein unüberschaubarer Tierreichtum, klare Bäche, Flüsse und Wasserfälle. Eine solche Naturlandschaft formt ihre Einwohner. Je einsamer die Gegend, desto skurriler die Typen.
Der 750 Kilometer lange Dempster Highway ist eine der abenteuerlichsten Nordlandstrecken Amerikas und die einzige, die über den Polarkreis hinaus befahren werden darf.

ANREISE:

Mit Delta von Stuttgart über Atlanta nach Seattle, ab 1600 Mark pro Person, hin und zurück. Mit Alaska Airways von Seattle nach Juneau, der Hauptstadt Alaskas, etwa 850 Mark pro Person, hin und zurück.

Seit Mai 1993 besteht ein Direktflug mit Condor, von Frankfurt nach Anchorage. Es besteht auch die Möglichkeit, sich in Seattle ein Motorrad zu kaufen und über Land nach Alaska zu fahren. Wer sich die lange Anfahrt durch Kanada sparen möchte, kann auch direkt nach Anchorage oder Fairbanks fliegen und dort eine Maschine kaufen. (Händler-Adressen siehe Seite 184).
Wer sein eigenes Motorrad mitnehmen möchte, kann mit der Lufthansa nach Vancouver fliegen. Das kostet, hin und zurück, ab 1800 Mark pro Person und 2500 Mark pro Maschine. Neuerdings ist die Mitnahme des eigenen Motorrades auch nach Anchorage möglich. Das Fly-and-Ride-Programm ist beim Geislinger Reisebüro zu buchen: 07433/2491.

GEFAHRENE STRECKE: 6650 KILOMETER

EINREISE:

Für Alaska: ein mindestens noch 6 Monate gültiger Reisepaß. Der Visa-Zwang für Touristen ist in den USA zwar aufgehoben, mit dem kostenlosen Visum im Paß, auch in einem alten, abgelaufenen Dokument, reist es sich allerdings flotter ein. Kanada verlangt kein Visum. Der Aufenthalt in den USA und Kanada ist auf jeweils sechs Monate beschränkt.

FÄHRE:

Eine weitere Alternative zum Land- ist der Seeweg. Ein Schiff der BC-Ferries braucht von Port Hardy auf Vancouver Island 15 Stunden bis Prince Rupert. Von hier aus geht es mit »Alaska Marine Highway« weiter. Für die Strecke Prince Rupert nach Haines müssen etwa 30 Stunden veranschlagt werden. Von Haines nach Skagway ist es dann nur noch ein Katzensprung von einer Stunde.
Für die siebenstündige Passage zwischen Juneau und Skagway zahlten wir für zwei Personen, das Gespann und eine Doppelkabine 105 US-Dollar.
In Seward nahmen wir später noch einmal eine Fähre nach Valdez. Die elfstündige, stürmische Überfahrt kostete für zwei Personen, Harley und Kabine 228 US-Dollar.
Die abschließende, vierstündige Nachtfahrt, ohne Kabine, von Haines nach Juneau kostete 56 US-Dollar für zwei Personen und den Harley-»Kleinwagen«.
Informationen:
Alaska Marine Highway, P.O. Box 25535, Juneau, Alaska 99802-5535.
BC Ferries, 1112 Fort Street, Victoria, British Columbia, Canada V8V 4V2.

CAMPING:

Wild zelten ist fast überall erlaubt. Man sollte allerdings keine eßbaren Sachen mit in die Leinwandbehausung nehmen, da Bären eine sehr gute Nase und fast immer Hunger haben.
In der Nähe von Sehenswürdigkeiten und größeren Siedlungen gibt es private Campingplätze.

ÜBERNACHTEN:

Motel- und Hotelzimmer sind in Alaska und im Yukon-Territory teurer als im Rest Amerikas. Etwas günstiger und durch den Kontakt zu einheimischen Familien sehr viel netter sind Bed & Breakfast-Unterkünfte. Im folgenden einige Übernachtungsplätze, die uns besonders gut gefallen haben.

Juneau: Blueberry Lodge,
Judy und Jay Urquhart,
Bed & Breakfast, 9436 N
Douglas Highway, Juneau,
Alaska 99801.
Telefon: 001/907/463/5886.
Preise: 65 US-Dollar für ein Einzel- und 70 US-Dollar für ein Doppelzimmer.
Neu erbaute Lodge im Blockhaus-Stil mit riesigen naturbelassenen Balken, deshalb auch nur für nichtrauchende Gäste offen. Jay und Judy sind sehr liebe Gastgeber.

The Alaskan Hotel, 167 Franklin,
Juneau, Alaska 99801.
Telefon: 001/907/586/1000;
Fax: 001/907/463/3775.
Preise: 40 bis 55 US-Dollar.
Ein Studio für ein bis vier Personen kostet 80 US-Dollar, jede weitere Person 10 US-Dollar extra.
Das 1913 eröffnete und im viktorianischen Stil erbaute Alaskan-Hotel ist denkmalgeschützt und liegt mitten in der »Altstadt« von Juneau. Die Jahrhundertwende-Bar mit Live-Unterhaltung am Abend ist in ganz Alaska berühmt.

Dawson City: Triple J Hotel,
5th and Queen, P.O. Box 359,
Dawson City,
Yukon Territory Y0B 1G0.
Telefon: 001/403/993/5323;
Fax: 001/993/5030.
Preise: 110 kanadische Dollar für ein Doppelzimmer.
Im Western-Stil erbautes neues und komfortables Hotel, mitten in Dawson City, direkt gegenüber von Diamond Tooth Gertie's Casino, der einzigen legalen Spielhölle in Kanada.

Denali: Denali National
Park Hotel,
Reservierungen:
825 W. 8th Avenue, Suite 240,
Anchorage, Alaska 99501.
Telefon: 001/907/276/7234.
Preise: zwischen 60 und 120 Dollar für ein Doppelzimmer, je nach Saison.
Das Hotel liegt im Denali National Park.

Wasilla: Yukon Don's
Bed & Breakfast Inn, Wasilla,
Matanuska Valley,
Alaska 99687.
Telefon: 001/907/376/7472;
Fax: 001/907/376/6515.
Preise: zwischen 50 und 80 US-Dollar.
Einer unserer Favoriten auf der Nordlandreise. Der ehemalige Kuhstall verfügt nach aufwendigem Umbau über fünf wunderschöne Zimmer. Jedes ist zu einem anderen Thema dekoriert. Fisch-,Jagd-, Schlittenhunde- und Bären-Zimmer. Die McComb Suite mit eigenem Bad ist nach den früheren Besitzern benannt. Yukon Don's liegt absolut ruhig, weit abseits der Straße. Die fantastische Aussicht läßt sich am besten im außen installierten Whirlpool genießen.

Cooper Landing:
Kenai Princess Lodge,
Reservierungen über:
2815 Second Avenue,
Suite 400,
Seattle WA 98121-1299.
Telefon: innerhalb der USA
kostenlos unter:
1/800/426/0500
oder von Deutschland aus:
001/206/728/4202.
Preise: 100 bis 200 US-Dollar für ein Doppelzimmer, je nach Saison.
Das mit Abstand luxuriöseste Hotel auf der Tour, mitten in der Wildnis gelegen, vollständig mit Holzbalken aufgebaut, mit Indoor-Whirlpool und Holzofen, sowie einem sehr guten Restaurant. Etwas für eine Nacht, nach einer Woche Camping ohne Dusche.

Kenai Peninsula:
Moose Haven Lodge,
Bed & Breakfast,
Roxie McGahan, Nikiski,
Alaska 99635, Mile 28 1/2.
Telefon: 001/907/776/8535.
Preise: zwischen 60 und 85 Dollar.
Sehr einsam gelegene Lodge. Ideal für Angler-Ausflüge geeignet. Gegen Aufpreis gibt es ein von Roxie zubereitetes hervorragendes Abendessen.

McCarthy: McCarthy Lodge,
Gary und Betty Hickling,
Alaska 99588.
Telefon in Anchorage:
001/907/333/5402.
Preise: nur mindestens zweitägige Arrangements mit Vollpension möglich. Lange vorher buchen, da nur wenige Plätze zur Verfügung stehen. Doppelzimmer mit Essen etwa 100 US-Dollar pro Tag.
Das 1916 erbaute Hotel liegt in der einsamen Bergwelt der Wrangell Mountains. Unser Favorit auf der Tour. Ausgangspunkt für zahlreiche Wildniswanderungen.

GASTRONOMIE:

Spezialität im hohen Norden ist natürlich der Lachs, ob gekocht, gedünstet, geräuchert oder in seiner schmackhaftesten Form: gegrillt. Im örtlichen Hotel einfach nach einem »Salmon Bake« fragen. Dort werden die Kaltwasser-Köstlichkeiten dann über einem Holzkohlen-Barbecue gegrillt und mit einer Honig-Sauce mariniert. Dazu ein lokales Bier, das in Juneau gebraute, dunkle Alaskan Amber.
Freunde von Hamburgern und anderen Fast-Food-Angeboten kommen sowohl in Alaska als auch in Kanada auf ihre Kosten. Sehr gut ist das »The Fiddlehead Restaurant« in Juneau, das auch diverse Lachsgerichte (um die 18 $) auf der Karte hat. Ebenfalls Spitzenklasse ist das Restaurant der Kenai Princess Lodge in Cooper Landing (Gerichte rund 20 $). In historischen Mauern speist es sich im viktorianischen Hälsingland Hotel in Haines (Gerichte ab 15 $).
In Anchorage gibt es ein sehr gutes italienisches Restaurant mit günstigen Preisen: »Sorrento's« in der 610 East Fireweed Avenue (Pasta ab 10 $). Ebenfalls italienisch und gut ist »Mike's Palace« 201 N. Harbor Drive in Valdez. Ausgefallene Nordspezialitäten, wie Kariboufleisch, gibt es im eher nüchternen Restaurant des Eskimo Inn in Inuvik (Gerichte um 25 $).

SEHENSWERT:

Ein absolutes »Muß« in Alaska ist einer der zahlreich angebotenen Flightseeing-Trips. Das sind spektakuläre Flüge, meistens mit alten De Havilland Beavers oder neuen Hubschraubern und erfahrenen Buschpiloten. Einige Flüge sind besonders lohnenswert:
Taku Glacier Lodge, einstündiger Flug von Juneau aus, über Gletscher und Eisfelder zur Lodge mit Lachs-Dinner. Preis: 130 US-Dollar pro Person.
2 Marine Highway 228,
Juneau, Alaska 99801,
Telefon: 001/907/586/1362
und 001/907/586/8330.

Era Helicopters Flightseeing Tours, atemberaubender Hubschrauberflug über das Juneau-Eisfeld, durch Gletscherspalten mit anschließender Landung auf einem Gletscher. Ein unglaubliches Gefühl auf einem richtigen Gletscher spazieren zu gehen. Era Helicopters ist der älteste und größte Veranstalter von Hubschrauberflügen in Alaska, mit über 40jähriger Flugerfahrung. Neben Juneau, fliegt Era auch in Anchorage, am Mount McKinley und in Valdez. Der »Gold & Eis«-Flug ab Juneau kostet 145 US-Dollar pro Person.
Era Helicopters,
P.O. Box 021468, Juneau,
Alaska 99802,
Telefon: 001/907/586/2030
oder: 001/907/586/6773.

Air Adventures, Mike Mc Bride, Angler- und Wildnisausflüge auf der Kenai-Halbinsel mit einer alten De Havilland Beaver.
Es besteht auch die Möglichkeit, in einem Wildniscamp zu übernachten. Preise, je nach Länge des Trips, ab 89 US-Dollar.
Air Adventures, P.O. Box 22,
Kenai, Alaska 99611-0022,
Telefon: 001/907/776/5444;
Fax: 001/907/776/5445.

Ketchum Air Service, Columbia Glacier Tour, einstündiger Ausflug mit einer Beaver zum berühmten Columbia-Gletscher. Der Pilot landet mit dem Wasserflugzeug zwischen den Eisbergen des Gletschers, wo sich Robben und Seeotter beobachten lassen.
Preis: 149 US-Dollar pro Person.
Ketchum Air Service,
P.O. Box 670, 224 N.
Harbor Drive, Valdez,
Alaska 99686,
Telefon: 001/907/835/3789.

DEALER:

Whitehorse, Yukon, Kanada:

Lister's Motor Sports, Suzuki,
3209 3rd Ave.,
Telefon: 0 01/4 03/6 67/74 91.

S.T.M. Recreation, Yamaha,
Harley-Davidson,
2285 2nd Ave.,
Telefon: 0 01/4 03/6 68/21 01.

Yukon Honda, 4158 4th Ave.,
Telefon: 0 01/4 03/6 68/44 51.

Anchorage, Alaska, USA:

Honda of Anchorage,
Honda, Moto Guzzi,
1118 E 5th Av.,
Telefon: 0 01/9 07/2 79/94 78.

The Motorcycle Shop,
BMW, Kawasaki,
400 W Potter Dr.,
Telefon: 0 01/9 07/5 61/11 65.

House of Harley-Davidson,
4334 Spenard Road,
Telefon: 0 01/9 07/2 48/53 00.
Barry, der Besitzer, vermietet über seinem Harley-Shop auch Zimmer mit Frühstück für 70 US-Dollar das Doppel.

Anchorage Suzuki,
3074 Commercial Dr.,
Telefon: 0 01/9 07/2 72/24 12.

Anchorage Cycle Sales,
Yamaha,
3401 Minnesota Dr.,
Telefon: 0 01/9 07/2 72/83 43.

SHOPPING:

Indianer- und Inuit-Souvenirs. Die Originale sind zum Teil wunderschön, aber teuer. Ein gutes Angebot an Kunsthandwerk-Läden und -galerien haben Juneau, Fairbanks, Anchorage und Haines.
In den kanadischen Northwest-Territories haben die Autokennzeichen die Form von auf allen Vieren laufenden Eisbären. Kinder verkaufen diese witzigen Souvenirs meist für 4 bis 5 $.
Haltbaren Räucherlachs gibt es in allen Güte- und Größeklassen. Für jene, die sich immer erst sehr spät entscheiden können, sogar noch am Flugplatz.

ACTION:

Das härteste Schlittenhunderennen der Welt, das Iditarod, startet Anfang März in Anchorage und endet 1100 Meilen später in Nome.
Am letzten Wochenende im Juni steigen in Sitka die »All Alaska Logging Championships«. Zu den Holzfällermeisterschaften treten die stärksten Männer Alaskas an.
Sehr empfehlenswert:
die olympischen Spiele der Inuit- und Indianer-Athleten, Ende Juli in Fairbanks.
August und September sind die besten Monate für eines der zahlreich stattfindenden Lachsfang-Derbys, bei denen die Fänger der schwersten Brocken zum Teil bis zu 10000 $ Preisgeld erhalten.
Eine der größten Musik-Veranstaltungen in Alaska, das Talkeetna Blue Grass Festival, mit Tausenden von Besuchern, die sich in Sichtweite des mächtigen Mount MacKinley niederlassen, findet immer Anfang August statt.

LITERATUR:

Ausführliche und gut aufgemachte Broschüren zur Planung der Nordlandreise versendet das Fremdenverkehrsbüro von Alaska kostenlos. Bitte geben Sie möglichst konkret an, worüber Sie informiert werden wollen.
Adresse:
Fremdenverkehr von Alaska,
Edeltraud Sommer,
Pfingstweidstraße 4,
60316 Frankfurt/M.,
Telefon: 069/440013;
Fax: 069/440014.

Das kanadische Yukon Territory ist nicht in Deutschland vertreten, der Kontakt läuft direkt über Kanada:
Yukon Tourism, Box 2703,
Whitehorse, Yukon,
Canada Y1A 2C6,
Telefon: 001/403/667/5340;
Fax: 001/403/667/2634.

In Alaska und im Yukon gibt es außerdem in jedem größeren Ort sogenannte Visitor Center oder Convention & Visitor Bureaus, die kostenlos Informationen zu Sehenswürdigkeiten, Hotels und Campingplätzen abgeben.
Die Bibel für alle Nordlandfahrer ist die »Milepost«. Seit 1949 informiert der jährlich neu aufgelegte, 640 Seiten dicke DIN A 4-Band über jede befahrbare Meile Alaskas, Yukons, der Northwest Territories, British Columbias und Albertas. Wo gibt es Essen, Benzin, Campingplätze? Was gibt es wo zu sehen? Alles steht drin. In Alaska kostet die Milepost 16,95 US-Dollar, in Kanada 18,95 kanadische Dollar. Erhältlich sind die informativen Schwarten in fast allen amerikanischen Buchhandlungen und in Souvenir-Shops.
Hannah Glaser und Wolfgang R. Weber: »Alaska und Kanadas Yukon«; Vista Point Verlag, 296 Seiten, 48 Mark.
Eine hervorragende Einstimmung auf den Alaska-Trip oder anregende Lektüre für unterwegs ist der Roman »Alaska« von James A. Michener, Bastei-Lübbe-Taschenbuch, 1300 Seiten, 16,80 Mark.

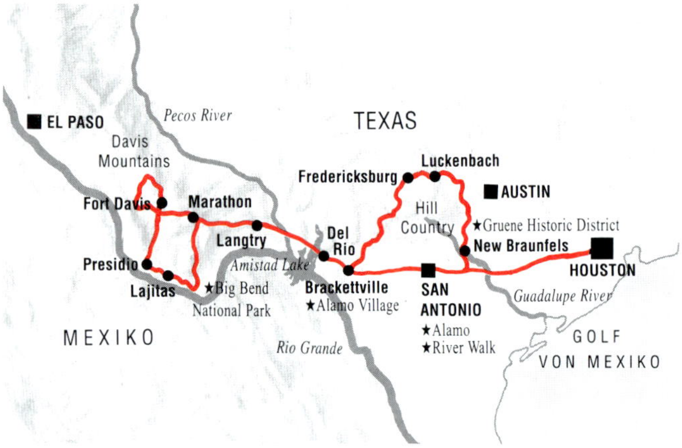

Texas has it all – Texas hat alles. Auf einem Gebiet, das der dreifachen Größe der alten Bundesrepublik entspricht, kommen nahezu alle Landschaftsformen vor: Sümpfe im Osten, unendlich lange, weiße Sandstrände im Süden, das Hügelland mit klaren Flüssen und Seen im Zentrum, Wüsten und Berge im dünn besiedelten Westen.

REISEZEIT:

Ideal sind der Frühling und der Herbst. Die Temperaturen sind erträglich, die Hotels und Campingplätze allerdings auch voller als im Sommer.
Der Sommer überrascht immer wieder mit Gewittern, die innerhalb weniger Minuten ganze Landstraßen überschwemmen können.

ÜBERNACHTEN:

Im folgenden einige Übernachtungsplätze, die uns besonders gut gefallen haben:

The Faust, 240 S. Seguin,
New Braunfels, Texas 78130,
Telefon: 001/625/7791.
Preise: etwa 70 US-$ für ein Doppelzimmer.
In den späten 20er Jahren erbautes Hotel, das sich das Ambiente dieser Zeit erhalten hat.

Chisos Mountain Lodge,
Big Bend National Park,
Texas 79834-9999,
Telefon: 001/915/477/2291,
Fax: 001/915/477/2352.
Preise: 60 bis 70 US-$ für ein Doppelzimmer.
Die Lodge liegt mitten in der grandiosen Berglandschaft des Big Bend National Parks, in 1600 Meter Höhe.
Frühzeitig reservieren.

Badlands Hotel,
Star Route 70, Box 400,
Terlingua, Texas 79852,
Telefon: 001/915/424/3471.
Preise: ab 60 US-$ für ein Doppelzimmer.
Übernachten im Western-Stil. Clint und John lassen grüßen. Die Frau des General Managers, Emily Moore, kommt ursprünglich aus Bamberg.

**GEFAHRENE STRECKE:
3200 KILOMETER**

Indian Lodge,
Davis Mountains State Park,
Box 786, Ft. Davis, Tx. 79734,
Telefon: 001/915/426/3254.
45 US-$ pro Doppelzimmer.
Für das gebotene Ambiente ein sehr günstiger Übernachtungspreis. Die Lodge entstand vor 50 Jahren mitten im Park. Sie ist im Adobe-Stil errichtet, also hauptsächlich aus Lehm, Holz und Schilf. Die 39 Zimmer haben offene Kamine und alte Zedernholz-Möbel.

The Gage Hotel, P.O. Box 46,
Marathon, Texas 79842,
Telefon: 001/915/386/4205,
Fax: 001/915/386/4510.
Zwischen 45 und 80 US-$ für ein Doppelzimmer, je nach Ausstattung.
Unser Favorit auf der Tour. Das historische Gebäude entstand 1927. Die Räume haben Namen und eine individuelle Einrichtung. Der Neubau »Los Portales« sieht aus wie eine mexikanische Hazienda mit Innenhof und ist eine architektonische Meisterleistung. Auch hier sind alle Zimmer individuell ausgestattet. Leder, Möbel und Eisenbetten stammen aus dem ganzen Südwesten der USA und aus Mexiko. Der Besitzer Bill Stevens hat die geschmackvollen Ausstattungen auf Auktionen, Flohmärkten und in Antik-Shops erworben.
Ein wunderschön angelegter Swimming Pool intensiviert noch den Genuß des Aufenthaltes.

Fort Clark Springs, Box 345,
Brackettville, Texas 78832,
Telefon: 001/210/563/2493.
38 US-$ pro Doppelzimmer.
Übernachten in einem Orginal-Fort aus dem Jahre 1852. Die Quelle, nach der der Militärposten benannt ist, wird in riesige Schwimmbecken geleitet. Für Motelgäste ist die Benutzung kostenlos. Idealer Ausgangspunkt zum nur ein paar Kilometer nördlich gelegenen Alamo Village, wo es keine Übernachtungsmöglichkeit gibt.

Gästehaus Schmidt,
Reservation Service Office,
231 West Main, Fredericksburg,
Texas 78624,
Telefon: 001/210/997/5612.
Reservierungszentrale für einige Dutzend Gästehäuser und Bed & Breakfast-Lokalitäten. Im Büro in der Main Street hängen Bilder der einzelnen Häuser, nach denen man sich seinen Wunschkandidaten auswählt und nach der Bezahlung den Schlüssel und einen Stadt-und Umgebungsplan erhält. Manche Herbergen liegen 15 Kilometer außerhalb, mitten in der Wildnis. Wir entschieden uns für das 1859 aus Holz und Stein erbaute Loeffler-Weber-Haus, eines der ersten Gebäude, das die Deutschen in Fredericksburg errichtet haben. Für das Häuschen, samt Dusche und Küche zahlten wir 60 US-$ pro Nacht.

Je nach Ausstattung liegen die anderen historischen Häuser zwischen 55 und 125 US-$.
Im Visitor Bureau von Fredericksburg gibt es kostenlos einen Visitor Guide mit Übernachtungshinweisen, Attraktionen, Ausflügen und Restaurants.
Telefon: 001/2 10/9 97/65 23.

The Gruene Mansion Inn,
1275 Gruene Rd.,
New Braunfels,
Texas 78130,
Telefon: 001/2 10/6 29/26 41,
Fax: 001/2 10/6 29/73 75.
Zwischen 85 und 125 US-$ für zwei Personen und 160 bis 200 US-$ für vier Personen.
Ein viktorianisches Hotel aus dem Jahre 1872, mit umliegenden, kleinen Stein- und Holzhäuschen am Guadalupe River, die alle vermietet werden.

GASTRONOMIE:

Die höchstwahrscheinlich besten Hamburger von Texas gibt es bei Tony Faulk, Boatmans Bar & Grill, Study Butte. Ganz ausgezeichnetes Barbecue-Hühnchen serviert: The Guadalupe Smoked Meat Company, 1299 Gruene Road, Historic Gruene, fünf Meilen außerhalb von New Braunfels.

SEHENSWERT:

Alamo Village, Alamo-Replica und Westernstadt, sieben Meilen nördlich von Brackettville, täglich ab 9 Uhr geöffnet, sechs US-$ Eintritt, Cowboy- und Country-Musik-Show.

AKTIVITÄTEN:

Reiten mit Jake, dem Vorzeige-Westmann.
Lajitas Stables, Star Rt. 70,
Box 380, Terlingua, Texas 79852,
Telefon: 001/9 15/4 24/32 38.
Tagestrip 65 US-$, zwei Tage 190 US-$, bei drei bis fünf Tagen, 85 US-$ pro Tag. Lagerfeuer-Mahlzeiten sind im Preis enthalten.

SHOPPING:

Antik-Shops, die es in fast allen Orten gibt und die von ausgedienten Sporen bis zu alten Cola-Dosen alles anbieten, was orginelle Amerika-Souvenirs ausmacht.

Oldtime Photos,
Historic District Gruene,
Telefon: 2 10/6 29/74 74.
Fotos im alten Stil vor historischer Kulisse.

LITERATUR:

Sehr empfehlenswert ist das Buch »Texas« von James A. Michener.
Der amerikanische Erfolgsautor erzählt die texanische Geschichte kurzweilig und informativ. Ausführliches, kostenloses Informationsmaterial und eine gute Straßenkarte zu Texas versendet kostenlos:

State of Texas,
Department of Commerce,
816 Congress Avenue,
Suite 1190,
P.O. Box 12728,

Austin,
Texas 78711-2728,
Telefon: 001/5 12/3 20/94 25,
Fax: 001/5 12/3 20/94 56.

GEFAHRENE STRECKE: 6500 KILOMETER

Die bekanntesten Highlights des Südwestens liegen im Norden Arizonas und Süden Utahs: Grand Canyon und Monument Valley. Doch auch Kalifornien, Nevada und der Süden Arizonas haben eine Menge zu bieten: Westernstädte wie Tombstone oder Tucson, einen Bomberfriedhof mit Tausenden ausgedienter Flugzeuge, zahllose, anspruchsvolle Bergpisten für Endurofahrer, Los Angeles mit seinem verrückten Venice Beach und das Spieler-Paradies Las Vegas in Nevada.

ÜBERNACHTEN:

Neben den typischen, mit Leuchtreklamen bewehrten Motels an den Ausfallstraßen größerer Städte, mit Zimmerpreisen um die 35 US-Dollar bietet Arizona auch die Möglichkeit, in historischen Mauern zu übernachten und zu frühstücken. Folgende Bed & Breakfast-Übernachtungen sind empfehlenswert:

Greenway House,
401 Cole Avenue,
Bisbee 85603,
Telefon: 001/602/432/7170.
Zwischen 75 und 125 Dollar für ein Doppelzimmer mit Frühstück. Das luxuriöse, mit Antiquitäten eingerichtete Anwesen wurde 1906 erbaut. Acht Zimmer, alle mit Küche und freistehender »Cowboy«-Badewanne. Zum Frühstück gibt es hausgemachte, frischgebackene Blaubeer-Muffins. Sehr nette Besitzer.

Manager's House Inn,
One Greenway Drive,
Ajo 85321,
Telefon: 001/602/387/6505.
Im ehemaligen Wohnhaus des Kupferminen-Managers wurden vier Gästezimmer eingerichtet, das Doppel zwischen 65 und 99 Dollar pro Nacht mit ausgezeichnetem, frisch zubereiteten Frühstück.
Die Waffeln haben ihren legendären Ruf zurecht.

SEHENSWERT:

Die alte Orginal-Westernstadt Tombstone und die als Filmkulisse unter dem Namen »Old Tucson«, östlich von Tucson, entstandene Kopie derselben. Der aktuelle Western »Tombstone« mit Kurt Russel und Val Kilmer in den Hauptrollen wurde in Old Tucson gedreht, in Tombstone gibt es zu viele Stromleitungen und Werbeschilder.
In Bisbee: »The One Book-Bookstore«, 38 Main Street.
Der im Text erwähnte Buchladen von Walter Swan, wo es »Me 'n Henry« handsigniert für 20 Dollar gibt. In der Nähe der Geisterstadt Gleeson:

John & Sandy's
Klapperschlangen-Souvenirs,
Telefon: 001/602/642/9207.

TOURING:

Von Phoenix aus veranstaltet der Deutsche Jürgen Lenke Enduro- und Straßentouren auf BMW-Enduros. Die neun R 100 GS vermietet er auch für individuelle Trips. Um das richtige Cowboy-Feeling aufkommen zu lassen, können neben den Stahl- auch richtige Rösser bestiegen werden.
Infos auf Deutsch unter:
001/602/991/0000
oder Fax: 001/602/998/1421.

LITERATUR:

Sieben Amerika-Reportagen, eine Anleitung zum Motorradkauf in den USA und alle weiteren Tips zum Motorrad-Urlaub in den Staaten bietet »Amerika« aus der Edition Unterwegs, Motorbuch-Verlag, 29,80 Mark.
Beim Arizona Office of Tourism gibt es kostenloses Info-Material samt Karten:
1100 West Washington Street,
Phoenix, Arizona 85007,
Fax: 001/602/542/4068.

Wer Malaysia, Kanada, Schottland, den kalifornischen Highway Number One und die Alpen an einem Tag erleben möchte, muß nach Neuseeland fahren. Die landschaftliche Vielfalt ist gewaltig. Eisige Gletscher, dichter Regenwald, aktive Vulkane, trockene Steppe, klare Seen, einsame Sandstrände – das alles auf einer Fläche, die in etwa der Größe der alten Bundesrepublik entspricht.

ANREISE:

Neuseeland liegt genau auf der anderen Seite der Welt, man ist also Richtung Osten über Asien und Australien genauso lange unterwegs wie nach Westen über die USA. Es gibt zahlreiche Billigticket-Anbieter, die um die 2000 Mark für Hin- und Rückflug verlangen.
Direktflüge ohne Zwischenaufenthalt sind wegen der gewaltigen Zeitverschiebung nicht ratsam. Besser irgendwo einen Stopover einlegen. Wir flogen mit der amerikanischen Fluggesellschaft Continental über Los Angeles und blieben dort 24 Stunden.

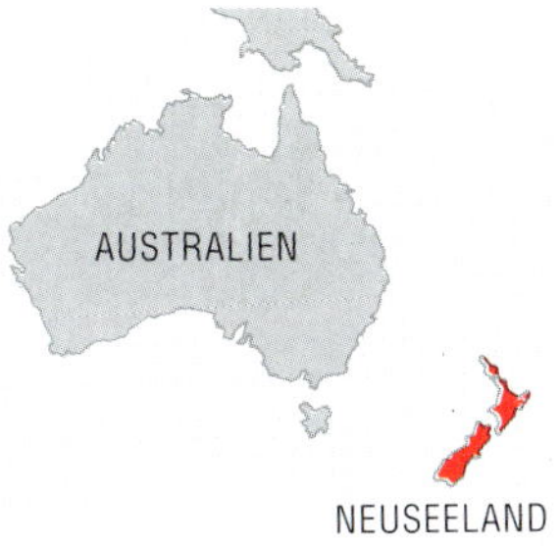

GEFAHRENE STRECKE: 6800 KILOMETER

ÜBERNACHTEN:

Campingplätze kosten sechs bis 12 NZ-$; Jugendherbergen und Backpackers mit sauberen Mehrbettzimmern kosten acht bis 19 NZ-$. Wer gerne Einheimische kennenlernen möchte, sollte die Farm- und Homestays probieren, mit Vollpension kosten diese Privatunterkünfte 50 bis 175 NZ-$ pro Person.
Bed & Breakfast, aufgrund der oft isolierten Lage der Häuser meist mit Dinner, kommt auf 30 bis 70 NZ-$. Motelzimmer liegen zwischen 50 und 110 NZ-$.

SEHENSWERT:

Farm Show. Sehr interessant ist das Eintreiben der Schafe mit neuseeländischen Schäferhunden, den Eye-Dogs, die nicht bellen, sondern die Wollträger nur per Augenkontakt manövrieren. Außerdem wird eine Schafschur demonstriert. Info:
Rainbow Springs,
Main Auckland Highway,
Fairy Springs Road, P.O. Box 25,
Rotorua,
Telefon: 0064/7/347/9301.

Hubschrauber-Flug. Unbedingt empfehlenswert ist ein Flug über Mount Cook, Fox- und Franz-Josef-Gletscher. Der 40minütige Flug kostet 170 NZ-$ (1 NZ-$ = 0,85 Mark). Info:
Fox Glacier Helicopter Services,
Alpine Guides, Fox Glacier,
Telefon: 0064/3/75 10/825.

AKTIVITÄTEN:

Das Angebot an Freizeitaktivitäten ist wohl selbst in den USA nicht größer als in Neuseeland. Wobei im Land des unbeschränkten Rechtsanwaltsstreits alles weitaus entschärfter angeboten wird als im Kiwi-Staat. Lediglich eine kleine Haftungsausschlußerklärung muß der Abenteuersuchende hier unterschreiben, und schon gibt es Action pur.

BUNGY-JUMPING:
Die neuseeländische Bungy-Bewegung nahm in der Freizeit-Metropole Queenstown ihren Anfang, wo 363 Tage im Jahr gesprungen werden kann. Zwei historische Brücken stehen zur Auswahl, die 43 Meter hohe

Kawarau Bridge über den gleichnamigen Fluß oder, für völlig Unerschrockene, die in 71 Meter Höhe den Shotover Creek überspannende Skippers Bridge. Der Kawaru-Sprung kostet einschließlich Beweis-T-Shirt 89 NZ-$ (1 NZ-$ = 0,85 Mark; Stand April 1993), eine Viererkarte (für völlig Verrückte) gibt es für 155 NZ-$. Der Sprung von der Skippers Bridge ist teurer. Wer selbst die abenteuerliche Piste durch den Skippers Canyon bis zur Brücke fährt, zahlt 135 NZ-$, mit Geländewagentransfer und Jetboat-Fahrt kostet Neuseelands höchster, kommerzieller Sprung 159 NZ-$ und mit Hubschrauber-Transfer 199 NZ-$. Der Vorteil der Heli-Variante liegt darin, daß nach dem Flug durch den engen Skippers Canyon der Adrenalinspiegel bereits ein relativ hohes Niveau erreicht hat. Der Schock beim Blick von der Brücke in die Tiefe ist somit nicht mehr ganz so massiv.
Alle Sprünge werden mit Videokameras aufgezeichnet. Die Kassette kostet 45 NZ-$. Bevor die lieben Verwandten zu Hause den Sprung des Abenteuer-Urlaubers goutieren dürfen, gibt es auf dem Band noch eine interessante Bungy-Historie mit den verrücktesten Gummiseil-Sprüngen zu sehen, unter anderem vom Eiffelturm und aus einem Hubschrauber.
Das Mindestalter zum Bungy-Jumping liegt bei 13 Jahren. Kostenlos springen dürfen Senioren ab 60 und Nackte.
Buchung:
Queenstown Bungy Centre,
Shotover Street, Queenstown,
Telefon: 0064/3/4427/100;
Fax: 0064/3/4427/121.

Jet-Boating:

Eine weitere neuseeländische Erfindung. Rennboote mit bis zu 500 PS, V8-Motor und Jet-Antrieb, die mit zehn Passagieren in etwa acht Zentimeter tiefem Wasser 180-Grad-Wendungen bei Vollgas vollführen oder mit 80 km/h im Zentimeterabstand an Felswänden vorbeirasen. Ein nasses, aber vor allem unvergeßliches Erlebnis, selbst für hartgesottene Motorradfahrer.
Shotover Jet in Queenstown ist der bekannteste Veranstalter und der einzige, der im spektakulären Shotover River Canyon fahren darf. Der 20minütige Thriller kostet 55 NZ-$, einschließlich Bus-Transfer von Queenstown.
Buchung:
Shotover Jet Limited,
Shotover Jet Beach,
Arthurs Point, P.O.BOx 189,
Queenstown, New Zealand,
Telefon: 0064/3/442/8570,
Fax: 0064/3/442/7467.

In Westport, an der touristisch noch sehr wenig erschlossenen Westküste gibt es in der dortigen Buller Gorge eine weitere lohnenswerte Jetboat-Tour. Eine Stunde kostet 35 NZ-$, der zweistündige Trip zum historischen Berlin-Hotel ist für 55 NZ-$ zu haben. Damien O'Connor und Peter Fairhall von Buller Adventure Tours bieten auch Wildwasser-Rafting bis zum Grad 5 und Pferdeausflüge in den Busch.
Infos:
Buller Adventure Tours,
Buller Gorge Road,
State Highway 6, Westport,
Telefon: 0064/3/289/7286,
Fax: 0064/3/289/8104.

White Water Rafting:

Die spektakulärste Wildwasser-Tour gibt es natürlich in Queenstown. Das Shotover Heli-Raft kostet 120 NZ-$ und dauert vier Stunden. Ein Hubschrauber bringt die Bootsbesatzung in den Skippers Canyon, wo nach einer kurzen Einweisung das Abenteuer beginnt.
Infos:
Danes Shotover Rafts,
Shotover Street, Queenstown,
Telefon: 0064/3/442/7318,
Fax: 0064/3/442/6749.

Black Water Rafting:

Eine Tour mit Lkw-Reifenschläuchen durch eine, nur von Glühwürmchen und einer Kopflampe erhellten Höhle. Höhepunkt: der Sprung mit Schlauch am Hintern von einem vier Meter hohen Wasserfall ins Dunkle. Das ist Abenteuer Kiwi-Style. Der kühle Trip kostet 50 NZ-$.
Info:
Waitomo Museum of Caves,
P.O.Box 13, Waitomo Caves,
Nordinsel,
Telefon: 0064/7/878/7640,
Fax: 0064/7/878/6184.

Touring:

Sowohl Straßen- als auch Enduro-Fahrer kommen auf ihre Kosten. Erstere bei einer dreiwöchigen Tour von Peter Hohenberger, dem Inhaber von Kiwi Bike Adventure, die Grobstolligen auf einer 13-Tagestour des neuseeländischen Veranstalters Cavalier Motorcycle Tours.
Die Reisen von Kiwi Bike Adventure werden mit BMW R 80 GS und R 100 GS durchgeführt.
In knapp drei Wochen legen die Teilnehmer etwa 5000 Kilometer auf der Nord- und Südinsel zurück und erleben dabei praktisch alle wichtigen Sehenswürdigkeiten: Koromandel-Halbinsel, Rotorua, Togariro National Park, Wanganui National Park, Marlborough Sounds, Kaikoura, Queenstown, Milford Sound, Westküste mit Fox- und Franz-Josef-Gletscher, Pancake Rocks, Mt. Egmont National Park und vieles mehr. Übernachtet wird in einfachen Motels, die aber immer mit Dusche, WC und Küche ausgestattet sind. Die Tourführung ist auf Deutsch, der 49jährige Peter fährt mit seiner Paris-Dakar-Maschine voraus, ein Begleitfahrzeug mit Gepäck und Ersatzmotorrad folgt der Gruppe. Der gemütliche Franke kennt die besten Restaurants und kann nahezu jede Frage über Neuseeland beantworten. Bei entsprechendem Fahrkönnen der Gruppe führt die Tour auch über sehr anspruchsvolle Pisten, wie die Wanganui River Road oder sogar in den Skippers Canyon, bei Queenstown. Die Motorräder sind nicht mit Koffern, sondern mit einer wasserdichten Rolle ausgestattet. Wer seine Kamera schnell zur Hand haben möchte, sollte also einen Tankrucksack mitnehmen.
Die Touren von Kiwi Bike Adventure kosten für den Fahrer 8980 Mark, für den Beifahrer 7980 Mark.
Leistungen: Linienflug, Motorradmiete, Benzin, 18 Übernachtungen mit Frühstück, Begrüßungs-, Überraschungs- und Abschlußessen mit Getränken,

Bungy-Jump von der Kawaru-Brücke, Gepäcktransport, Ersatzmotorrad. Info:
Kiwi Bike Adventure,
Peter Hohenberger,
Tränkbühl 70,
95466 Weidenberg,
Telefon: 09278/7503,
Fax: 09278/7183.

Der 48jährige Neuseeländer Bruce Miles von Cavalier Motorcycle Tours hat eine ganz andere Zielgruppe im Visier. Seine Touren finden nur auf der Südinsel statt. Gefahren wird hauptsächlich Off Road, auf Honda NX 250, ohne Sozius und Gepäckwagen, häufig auf privaten Farmpisten. Bruce kennt fast alle Farmer. Der enge Kontakt zu Kiwis steht im Vordergrund. Übernachtet wird meist privat auf Schaf-Farmen wie der Flock Hill Station oder in Bed & Breakfast-Lokalitäten. Höhepunkte auf Englisch geführten Reise sind die Goldgräberstadt St. Bathans und die Piste nach Macetown. Typische Highlights wie Milford Sound, Westküste und Queenstown gehören auch bei dieser Tour zum Programm. Die 13tägigen Touren kosten je nach Saison und Übernachtungsart zwischen 4250 und 5950 Mark, einschließlich Flug. Es besteht die Möglichkeit, die Motorräder nach der Tour weiter zu mieten.
Info:
Cavalier Motorcycle Tours,
P.O.Box 7148, Christchurch,
New Zealand,
Fax: 0064/3/366/5669.

KAUF:

Einige Motorradhändler in Auckland sind auf den Verkauf mit Rückkaufgarantie spezialisiert. Eine Honda Clubman kostet gebraucht etwa 2200 NZ-$, eine Suzuki GSX 400, Bj. 83, mit 29000 km 2000 NZ-$.
Die Mindest-Rückkaufdifferenz beträgt 600 Dollar nach fünf Wochen. Das heißt, wenn Sie 2000 NZ-$ gezahlt haben, bekommen Sie nach fünf Wochen 1400 NZ-$ zurück. Jede weitere Woche vermindert den Rückkaufpreis um 100 NZ-$. Die Zulassung der Maschine kostet 23, eine Versicherung für sieben Wochen etwa 28 NZ-$.
Info:
Ben Russel,
Mount Eden Rd. 24, Auckland.

RENT A BIKE:

In Neuseeland gibt es zahlreiche Motorradvermieter, deren Fuhrpark von der Enduro bis zum Big Bike alles umfaßt, was Spaß macht. Eine Yamaha XT 600 Ténéré mit Packtaschen kostet einschließlich Versicherung etwa 65 Mark pro Tag. Bei längerer Mietdauer sind Rabatte möglich. Das Fremdenverkehrsamt von Neuseeland versendet kostenlos spezielle Motorrad-Infos. Dort sind alle Veranstalter und Vermieter aufgelistet.
Adresse:
New Zealand Tourism Board,
Friedrichstraße 10-12,
60323 Frankfurt/M.,
Telefon: 069/97 12 11-0,
Fax: 069/97 12 11-13.

LITERATUR:

Das neuseeländische Fremdenverkehrsamt bietet zwei kostenlose Broschüren an, Neuseeland-Reiseführer und -Reiseplaner, die für eine erste Orientierung gut geeignet sind.
Adresse siehe »Motorradmiete«.
Eines der schönsten Bücher zum Thema kommt aus dem Ka-Jo Verlag, »Neuseeland« von Karl Johaentges, 156 Seiten, 172 Farbfotos, 48 Mark.
Die besten Karten sind im Road Atlas of New Zealand enthalten, der 19,95 NZ-$ kostet.

Gefahrene Strecke: 11000 Kilometer

Anreise:

Motorradtransport auf speziellen Paletten per Fly-and-Ride-Programm des Geislinger Reisebüros mit der Lufthansa (Riedstraße 1, 72351 Geislingen, Telefon: 0 74 33/24 91).
Kosten: Stuttgart-Singapur, etwa 1500 Mark pro Maschine.

Einreise:

Das Grenzpassierscheinheft, Carnet de Passage, erhältlich beim ADAC, ist für Malaysia nicht, dafür für Singapur und Thailand vorgeschrieben. Außerdem Internationale Zulassung und Internationaler Führerschein. Bei der Einreise mit dem eigenen Motorrad gibt es ab und zu Probleme. Manchmal wird in Thailand eine Kaution statt des Carnets verlangt. Meist muß man am gleichen Grenzübergang ausreisen, wo man eingereist ist. Empfehlung: Grenze bei Betong, kleinster Übergang und motorraderfahrene Zöllner. Mit einem Visum dürfen Deutsche bis zu drei Monate in Thailand bleiben.

Übernachten:

Jede größere Stadt hat sogenannte Guest Houses, die einfache, aber saubere und günstige Übernachtungsmöglichkeiten, manchmal sogar mit Aircondition, bieten. In Malaysia etwa 7,50 Mark pro Person und Nacht, in Thailand die Hälfte. Einige größere Orte verfügen über luxuriöse Unterkünfte, teilweise mit Swimmingpool. Am River Kwai gibt es überall nette Hausboote zu mieten.

Bangkok:
Krit Thai Mansion, 931/11 Rd.,
Patumwan,
Telefon: 0662/2153042.

Chiang Mai:
Chatree Hotel,
11/10 Suriyavvong Rd.,
Telefon: 279221.

Goldenes Dreieck:
Baan Boran Hotel,
Chiang Saen,
Buchungen von Deutschland aus unter: 0211/369903.

SEHENSWERT:

Kota Tinggi-Wasserfälle, nördlich von Joho Baharu; portugiesische Altstadt von Malakka; Tee-Plantagen in den Cameron Highlands; Ubudiah-Moschee in Kuala Kangsar; River-Kwai-Brücke und Museum; Drei-Pagoden-Paß mit Übergang nach Burma; der mit 24 Metern größte Buddha Thailands, südlich von Narathiwat; die Affenschule in Surat Thani, wo Jung-Makaken zu Kokosnuß-Pflückern ausgebildet werden; der Buddha in Kamphaeng Phaet; das Long-Neck-Dorf, bei Mae Hong Son; das Elefanten-Trainingscamp in Chiang Dao; das Goldene Dreieck am Dreiländereck von Thailand, Burma und Laos und der Wat Doi Suthep-Tempel in Chiang Mai.

TOURING:

Beim Chiang Mai Motorcycle Club lassen sich organisierte Hochlandtouren buchen und selbstverständlich Motorräder mieten. Der Australier David Unkovich wohnt seit 15 Jahren im Land und arbeitet seit ein paar Jahren mit zwei Deutschen zusammen. Diese haben eine eigene Werkstatt, die technische Qualität der Miet-Motorräder ist also gesichert. Die Mietpreise schwanken zwischen 20 und 35 US-Dollar pro Tag.
Infos:
P.O.Box Mae Ping 114,
Chiang Mai 50001, Thailand,
Telefon: 0066/53236494
oder Fax: 0066/53212219.

LITERATUR:

In Malaysia verließen wir uns auf die reichlich ungenaue Landkarte von Nelles. Als ausführlicher und aktueller Reiseführer empfiehlt sich:
Malaysia und Singapur, Reise Know How-Reihe, 1990, Peter Rump (Hrsg.), 32,80 Mark.

Auch für Thailand gibt es keine vernünftigen Landkarten. Auch hier nutzten wir die ungenaue Nelles-Map (Thailand, 1:1500000) zur groben Orientierung.
Buchtip:
Thailand-Handbuch, Reise Know How, 1991, 32,80 Mark.

Zwischen Johannesburg und Kapstadt kommen Big Bike-, Chopper- und Endurofahrer auf ihre Kosten. Die 6000 Kilometer lassen sich entweder auf erstklassigen Teerstraßen oder abenteuerlichen Pisten bewältigen.

ANREISE:

Mit einem Lufthansa-Gabelflug direkt von Frankfurt nach Johannesburg (9,5 Stunden Flugzeit) und von Kapstadt wieder zurück (11,5 Stunden).
Die Motorräder wurden per Lufthansa-Fly-and-Ride im Flieger mitgenommen. Mit Benzin im Tank und angeklemmter Batterie wurden die Maschinen auf patentierten Paletten sicher festgezurrt. Die Abfertigung in den Lufthansa-Stationen Johannesburg und Kapstadt lief völlig problemlos. Für die vorübergehende Einfuhr von Motorrädern nach Südafrika ist ein Carnet de Passage, das der ADAC ausstellt, notwendig. Das Gute hat seinen Preis: der Flug nach Johannesburg bzw. Kapstadt kostet hin und zurück pro Person und Motorrad zwischen 5192 und 5992 Mark, je nach Saison.
Es besteht auch die Möglichkeit, nach Nairobi in Kenia oder Windhoek in Namibia zu fliegen und dann von Südafrika wieder zurück.
Informationen
und Buchung bei:
Geislinger Reisebüro,
Werner Kiefer,
Telefon: 07433/2491;
Fax: 07433/6421.

ÜBERNACHTEN:

Bed & Breakfast-Unterkünfte (ab 50 Mark für ein Doppelzimmer) ermöglichen intensive Kontakte zu einheimischen Familien. Kostenlose Führer, Portfolio of Places, zu den gemütlichen Landhotels und andere Infos gibt es bei SATOUR, dem südafrikanischen Fremdenverkehrsamt,
Telefon: 069/20656;
Fax: 069/280950.
Im folgenden einige besonders stilvolle Übernachtungsplätze, wo Motorradfahrer herzlich willkommen sind.

GEFAHRENE STRECKE: 6000 KILOMETER

Pretoria:
Oxnead, P.O. Box 39967,
Pretoria, Moreleta Park 0044,
Telefon/Fax: 0027/12/984/515.
Preise: Doppelzimmer mit Frühstück 125 Mark.
Ein schönes Haus im Kap-Georgischen Stil. Drei Gästezimmer, Swimmingpool, sehr private Atmosphäre. Gastgeber John Hawtayne ist Feinschmecker, was sich sehr positiv auf Frühstück, Mittag- und Abendessen auswirkt.

Nordost-Transvaal:
The Coach House,
Old Coach Road, Agatha,
in der Nähe von Tzaneen;
P.O. Box 544, Tzaneen 0850,
Transvaal.
Telefon: 0027/152/307/3641;
Fax: 0027/152/307/1466.
Preise: Doppelzimmer ohne Frühstück ab 150 Mark.
Ein wunderschön und sehr ruhig in den Drakensbergen gelegenes Landhotel. Die Aussicht vom Swimmingpool ist grandios. Die Zimmer der komfortablen Vier-Sterne-Herberge, vier Jahre hintereinander zum besten Landhotel Südafrikas gekürt, sind sehr geschmackvoll eingerichtet und haben alle einen offenen Kamin für kühle, neblige Nächte, die es im Nord-Transvaal selbst im Sommer häufiger gibt.

Ost-Transvaal:
Casa do Sol, P.O.Box 57,
Hazyview 1242,
Telefon: 0027/1317/68111;
Fax: 0027/1317/68166.
Doppelzimmer mit reichhaltigem Frühstück und Abendessen ab 250 Mark.
Im Stil eines spanischen Dorfes erbaute Hotelanlage, mit Springbrunnen, kleinen, kopfsteingepflasterten Wegen, einem Traum-Pool und mehreren Restaurants.

Glory Hill Guest Lodge,
P.O.Box 24,
White River 1240,
Telefon/Fax: 0027/1311/33217.
Doppelzimmer mit Frühstück und Abendessen für zwei: 160 Mark.
Sehr ruhige, idyllische Lage, Swimmingpool, eigene Bar.

Khoka Moya Trails Camp und Honeyguide Safari Tent Camp.
Die beiden im Text beschriebenen privaten Wildniscamps am Rande des Krüger Parks gehören zu den günstigsten und schönsten in Südafrika. Sie kosten zwischen 175 und 190 Mark pro Person und Tag, darin enthalten sind Vollverpflegung, Übernachtung und Ausfahrten in den Busch mit Ranger, Tracker und offenem Geländewagen. Andere Camps kosten zwischen 300 und 700 Mark pro Person und Tag! Zu buchen sind die Camp-Aufenthalte bei:

Bushveld Breakaways,
Alice McCall-Peat,
P.O. Box 926,
White River 1240,
Telefon: 0027/1311/51998;
Fax: 0027/1311/50383.

Oranje Freistaat:
Maluti Hotel, P.O.Box 2,
Zastron 9950.
Ein Doppelzimmer mit Dusche kostet 65 Mark.
Das Hotel liegt an der Highlandstrecke, auf halbem Weg zwischen Johannesburg und Port Elizabeth. Das Restaurant serviert hervorragende Straußensteaks.

Östliche Kap-Provinz:
The Cock House,
10 Market Street,
P.O.Box 6092,
Grahamstown,
Telefon/Fax: 0027/461/311287 oder 311295.
Doppelzimmer mit Frühstück 140 Mark.
Ein 1830 erbautes, sehr schön restauriertes Hotel, dessen ehemalige Ställe in vier gemütliche Zimmer umgebaut wurden.

Garden Route:
Portland Manor,
P.O.Box 9,
Rheenendal 6576,
Cape Portland,
Telefon: 0027/445/4804;
Fax: 0027/445/4863.
Ab 90 Mark pro Person mit Frühstück und mehrgängigem Abendessen bei Kerzenlicht.
Neben »Klippe Rivier« unser Favorit auf der Tour.
Eine wunderschöne Lage, oberhalb von Knysna. Sehr nette Mitarbeiter, ausgezeichnetes Essen und eigenes Flußpferd in einem Extra-Pool.

Groenfontein, Calitzdorp.
Straußenfarm mit Bed, Dinner und Breakfast am Fuße der Swartberge.
Kontakt:
Eljo Potgieter,
Telefon: 0027/4437/33762.
Pro Person 42 Mark für Übernachtung, Frühstück, Abendessen und Getränke.
Alle, die etwas über die Aufzucht und Eigenheiten von Straußen erfahren wollen, sind hier genau richtig. Beschreibung siehe Reportage.

Kapstadt und Umgebung:
Klippe Rivier, P.O.Box 483,
Swellendam 6740,
Telefon: 0027/291/43341;
Fax: 0027/43337.
Ab 65 Mark pro Person für Übernachtung mit Frühstück.
Unsere Lieblingsherberge in Südafrika. Die Besitzer Liz and Tony Westby-Nunn haben das Cape Dutch-Anwesen aus dem Jahre 1830 sehr behutsam und liebevoll restauriert. Geschickt verteilten sie auf Flohmärkten und Auktionen erstandene antike Einrichtungsstücke im Haupthaus und den Zimmern. Die alten Stallungen wurden in attraktive, geräumige Zimmer, teilweise mit offenem Kamin, umgebaut. Das Essen ist hervorragend. Liz und Tony veröffentlichen jährlich die Portfolio-Broschüren mit den schönsten Landhotels Südafrikas. Außerdem ist Tony begeisterter Eigner einer 490er Norton E.S.2, Baujahr 1947.

Kapstadt:
Villa Lutzi, Oranjezicht,
6 Rosmead Avenue,
Cape Town 8001,
Telefon: 0027/21/234614 oder 261468;
Fax: 0027/21/261472.
Pro Person einschließlich Frühstück 65 Mark. Sehr deutsche Atmosphäre. Selbst die Tischabfalleimer beim Frühstück fehlen nicht. Stadtnahe Lage. Swimmingpool.
Wer sich etwas ganz Besonderes gönnen will, kann in einem der folgenden Luxushotels übernachten. Vergleichbare Herbergen kosten in Deutschland mehr als doppelt so viel wie in Südafrika:

»Grande Roche« in Paarl (Doppelzimmer mit Frühstück ab 325 Mark), das wunderschön gelegene Hotel besitzt das beste Restaurant Afrikas.

»Lanzerac« in Stellenbosch (Doppelzimmer mit Frühstück ab 220 Mark), auf dem 300 Jahre alten Weingut gibt es dreißig individuell gestaltete Zimmer.

»Le Quartier Francais« in Franschhoek (Doppelzimmer ab 145 Mark), das zweitbeste Landhotel Südafrikas liegt mitten in Franschhoek, dem schönsten Ort der Weingegend.

»Mount Nelson«, genannt »Nellie«, in Kapstadt (Doppelzimmer ab 360 Mark), der absolute Hotel-Overkill, das älteste und eleganteste Afrikas. Sehr englisch.

SEHENSWERT:

Sehr lohnenswert ist ein Hubschrauberflug um den Tafelberg in Kapstadt. Court Helicopters (Tel: 021/252966). Am besten nach Dick, dem Ex-Lufthansa-Kapitän, fragen, dann werden die Flüge ein bißchen spektakulärer.
Er hat in dem Film »Die Wildgänse kommen« die Dakota geflogen.

TOURING:

Nigel Haddon, der Inhaber von Le Cap Motorcycle Hire, organisiert ab Kapstadt Reisen auf seinen Mietmotorrädern. Der 35jährige ist ein intimer Kenner südafrikanischer Nebenstrecken. Er arbeitet die Touren exakt aus und erstellt dann Routenbeschreibungen, nach denen gefahren werden kann.
Tourguides gibt es nicht, somit ist ein Höchstmaß an Freiheit garantiert, ohne die schönsten Strecken und Gasthäuser Südafrikas zu verpassen.
Seine Motorräder, hauptsächlich neue Kawasaki KLE 500, lassen sich auch individuell, tage- oder wochenweise mieten.
Aktuelle Preise und Infos:
Le Cap Motorcycle Hire,
Nigel Haddon,
45 Bloem Street,
Cape Town 8001, Südafrika,
Telefon: 0027/21/230823;
Fax: 0027/21/231277.

LITERATUR:

Sehr gut zur Vorbereitung geeignet sind die Südafrika-Ausgaben von Merian und Geo Special, beide je 14,80 Mark.

Das Fahr-Paar

Elke Losskarn (geb. Arold)

Bj. 1963

Grafik-Designerin und Fotografin

Geborene Stuttgarterin, die es nach mehrjährigem Foto-Design-Studium in Augsburg wieder in ihre Heimat zurückverschlagen hat. Während und nach dem Studium zahlreiche Jobs als Briefträgerin, Lkw- und Taxifahrerin, Mülleimer-Zählerin für das Landratsamt, Fassadenmalerin und Kellnerin. Ihre Motorrad-Laufbahn begann sie mit einer gebrauchten Yamaha SR 500. Von 1986 an freie Mitarbeiterin in Werbeagenturen und Fotostudios. Seit 1989 als Grafikerin und Fotografin bei MOTORRAD. Zahlreiche Reisen mit Motorrad und Rucksack durch alle fünf Kontinente.

Dieter Losskarn

Bj. 1958

Reise-Redakteur und Diplom-Geograph

Fast hochdeutsch sprechender Franke, in Würzburg geboren. Bevor er zum Journalismus kam, studierte er Geographie, Geologie und Volkswirtschaftslehre. Seither darf er sich Diplom-Geograph nennen. Während und nach dem Studium zahlreiche Jobs, unter anderem Taxi- und Lkw-Fahrer, Nachtportier, Kellner, Fernsehverkäufer, Nikolaus und Motorrad-Reiseleiter. Seine Motorrad-Laufbahn begann er mit einer uralten BMW R 25/3. 1986 Volontariat bei der Motor-Presse Stuttgart, Redakteur und danach Leiter des Reise-Ressorts bei MOTORRAD. Zahlreiche Reisen durch alle fünf Kontinente.

Die beiden Harley-Fahrer lernten sich im Mai 1989 in der Redaktion MOTORRAD kennen und trauten sich ein Jahr später. Als Mini-Team sind sie seither weltweit unterwegs, um Reise-Reportagen, hauptsächlich auf zwei Rädern, zu produzieren.

MOTORRAD DIE GANZE WELT DES MOTORRADS!

Entdecken Sie Europas größte Motorradzeitschrift!

In **MOTORRAD** erleben Sie die einzigartige Motorrad-Faszination und den puren Fahr-Spaß.

Rasante Reportagen und traumhafte Touren, Tests, Tips, Technik und brandaktuelle Sportergebnisse – in **MOTORRAD**, Europas größter Motorradzeitschrift.

Holen Sie sich die aktuelle Ausgabe!

Alle 14 Tage neu am Kiosk!

GANZ SCHÖN UNTERWEGS

EDITION UNTERWEGS

TOUREN,

TREFFS und

TRAUMZIELE –

speziell

für Biker

Daams/Rüskamp/Böckmann
Edition unterwegs:
Deutschland Band 1
Acht reizvolle Motorrad-Touren
im nördlichen Teil Deutschlands,
zwischen Rhön und Ostfriesland.
192 Seiten, 150 Farb-Abb., brosch.
DM/sFr 29,80 / öS 233,–
Bestell-Nr. 01561

Elke und Dieter Loßkarn
Edition unterwegs:
Deutschland Band 2
Mit dem Motorrad auf einsamen
Strecken durch Süddeutschland.
192 Seiten, 130 Farb-Abbildungen,
8 Karten, broschiert
DM/sFr 29,80 / öS 233,–
Bestell-Nr. 01593

Elke und Dieter Loßkarn
Edition unterwegs:
Angenehme Ruhe (1993/94)
Über 300 Hotels, Gaststätten und
Pensionen, in denen Biker immer
herzlich empfangen werden.
144 Seiten, 8 Abbildungen, brosch.
DM/sFr 14,80 / öS 116,–
Bestell-Nr. 01564

Elke und Dieter Loßkarn
Edition unterwegs: Alpen
Die schönsten Motorrad-Bergtouren in der Schweiz, Frankreich,
Italien, Österreich, Slowenien.
216 Seiten, 142 Farb-Abbildungen,
10 Farb-Karten, broschiert
DM/sFr 29,80 / öS 233,–
Bestell-Nr. 01592

Daams/Rüskamp/Böckmann
Edition unterwegs: Italien
Acht traumhafte Routen zwischen
den italienischen Alpen und Sizilien:
Cinque Terre, Ligurische Alpen,
Abruzzen, Toscana, Sardinien.
216 Seiten, 150 Farb-Abb., brosch.
DM/sFr 29,80 / öS 233,–
Bestell-Nr. 01508

Josef Seitz
Edition unterwegs:
Skandinavien
Der unverzichtbare Motorrad-Reiseführer durch die Nordländer.
200 Seiten, 138 Farb-Abbildungen,
8 Karten, broschiert
DM/sFr 29,80 / öS 233,–
Bestell-Nr. 01628

Elke und Dieter Loßkarn
Edition unterwegs: Amerika
Sieben traumhafte Strecken durch
den Mittelwesten, durch Florida,
Texas, Kalifornien und Mexiko.
232 Seiten, 192 Abbildungen,
183 farbig, broschiert
DM/sFr 29,80 / öS 233,–
Bestell-Nr. 01472

Der Verlag für Motorrad-Bücher
Postfach 10 37 43 · 70032 Stuttgart
Telefon (07 11) 2 10 80-0 · Telefax (07 11) 2 36 04 15

Motor buch Verlag

Änderungen vorbehalten